U0858293

旅游管理专业实训教程系列

第二版

旅游饭店前厅服务

主　　编：张　弢　陈雪琼

编写人员：张　弢　陈雪琼　张进福　赖启福　李松志
隋文平　龙雨萍　金晓春　张有忠　向金利
朱运海　崔明月　樊春梅　王艳华　何　珍
张　冬　康　玲　李　萍　张菊芳

福建人民出版社

总　　序

随着社会经济的发展，人类已进入知识经济、网络经济的时代，新的生产方式和价值观念改变着人类的生活、人类的思维和人类的本身。休闲和旅游将作为一种新的生活方式越来越成为人们生活中的重要组成部分。成为人类生活质量的标志之一。人类已从权贵旅游时代进入了大众旅游时代，正在走向休闲和度假旅游的时代。全球的旅游业得到了快速的发展。据世界旅游组织（WTO）预测，到2020年国际旅游者将达到16亿人次，他们每年的花费将超过2万亿美元，平均每天的旅游花费将为50亿美元。21世纪前20年，全球的旅游业还将以每年4%的速度增长。

20世纪90年代以来，我国的旅游业也得到了快速的发展，据世界旅游组织预测，到2020年我国将成为全球第一大旅游目的地和第四大旅游客源地。中国旅游业正经历着快速地成长，在未来的10年间，预计中国旅游及旅行需求总量将以每年10．4个百分点快速增长。世界旅游及旅行理事会（WTTC）总裁表示：中国将成为全世界从未有过的旅游经济大国。我国法定假日的调整和带薪假期制度的实施，也促进我国的旅游业将进入快速稳定的发展阶段。

旅游业的发展将需要越来越多高素质的实战型旅游管理专业人才，需要高校教育培养一大批具有创新精神的高素质的旅游服务和管理人才。

旅游管理专业是一门实践性较强的专业，近10多年来，随着我国旅游业的快速发展，我国的旅游教育也得到了很大的发展。很多高校开设了旅游管理专业。为旅游行业的快速发展提供了人力资源的保障。但长期以来国内旅游高等院校中一直缺乏一套与旅游管理专业人才培养模式相适应的实用型的实训教材。

令人欣喜的是，近日，由教育部高职高专国家级教学改革试点专业单位华侨大学旅游学院组织国内部分旅游院校的专业教师、旅游饭店和旅行社共同编写的一套全新体例的、以系统性、实战性为特色的旅游管理专业系列实训教程由福建人民出版社出版发行。该套教材首批共五本，包括：《旅游饭店前厅服务实训教程》、《旅游饭店客房服务实训教程》、《旅游饭店中西餐饮服务实训教程》、《导游服务实训教程》和《旅游服务礼仪实训教程》。基本涵盖了旅游管理专业的实践教学的部分。

翻开这套教材给人以耳目一新之感。除了该套系列教材具有其主编所述的体例新颖、可操作性强、贴近旅游行业的实际和文字简洁性外，我认为还体现了下列思想。

1. 旅游服务的标准化和个性化相结合。虽然本套教程中实训项目大多是标准化、规范化的操作流程，但是，在实训项目之后还提出了一些针对个性化服务的说明。

2. 培养能力与启迪思维相结合。本套教程不仅注重学生的能力培养，同时在每个实训项目后面列出了思考题，以启迪学生思维，培养学生发现问题、分析问题和解决问题的意识和能力。

3. 知识、技巧和能力相结合。实训项目中既体现了对学生的服务技能和技巧的训练，同时也注重知识结构的完善。在实训项目和章节之后及书后附录列出一些与实训项目相关的背景知识。

此外，该套系列教程创造了校企合作编写实训教材的新模式，更增加了该套教材的实用性。

当然，作为旅游专业的实训教材的编写在国内尚刚刚开始，不可避免地存在着一些问题，但仍不失为一套好的教材，其编写和出版，创造了实训教材编写的新体例，相信它的出版必将带动和促进我国旅游管理专业实训教材的建设和繁荣，促进旅游管理专业实践教学的发展。

马　勇

2008年7月15日

（序者为湖北大学旅游发展研究院院长、教授，教育部工商管理学科教学指导委员会委员，旅游与酒店学科组组长。）

第二版说明

《旅游管理专业实训教程系列（第二版）》是在《高职高专旅游专业实训教程系列》的基础上修订、完善而成。

旅游管理专业是一门实践性较强的专业，为了满足高校旅游管理专业实训教学的需要，我们在长期教学实践的基础上，于2001年组织全国高校旅游管理专业相关的任课教师编写了一套《高职高专旅游专业实训教程系列》。该系列教材共计6本，分别是《旅游饭店前厅服务实训教程》、《旅游饭店客房服务实训教程》、《旅游饭店中西餐饮服务实训教程》、《酒吧管理与服务实训教程》、《导游服务实训教程》和《旅游服务礼仪实训教程》，于2002～2003年陆续出版。该套教材出版后深受各院校相关任课教师的好评，其中《旅游饭店客房服务实训教程》和《导游服务实训教程》被列入教育部"十一五"国家级规划教材。经过几年的使用，在吸收全国旅游院校相关任课教师的使用意见的基础上，我们于2008年着手对该套实训教材进行了修订、扩充和完善，丛书更名为《旅游管理专业实训教程系列》，本次共推出5本，即《旅游饭店前厅服务实训教程》、《旅游饭店客房服务实训教程》（教育部"十一五"国家级规划教材）、《旅游饭店中西餐饮服务实训教程》、《导游服务实训教程》（教育部"十一五"国家级规划教材）和《旅游服务礼仪实训教程》。以后，我们还将根据旅游管理专业学科发展和教学实践的需要，陆续推出其他科目的实训教程。

在本次修订工作中，我们遵循"科学性、系统性和实战性"的原则，根据旅游行业发展的实际对实训项目进行了调整，增加了部分内容，对有些不适合的内容进行删改，使之更贴近旅游行业实际。

由于水平有限，这次修订工作肯定还会有一些不足甚至失误的地方，希望广大读者一如既往地提出批评指正，以便今后进一步修改和完善。

黄安民

2009年7月

第三版说明

前 言

旅游专业是一门实践性较强的专业，近10多年来，随着我国旅游业的快速发展，我国的旅游院校也如雨后春笋般地出现。但是，自20世纪末我国开始新高职招生以来，一直缺乏一套与旅游高职专业人才培养模式相适应的实用性教材，现行的教材大多是本科教材的压缩本，不能体现以实战能力培养为重点的教学需要。

为此，我们在长期的教学实践的基础上，组织相关人员编写了这套全新体例的、以系统性、实用性为特色的高职高专旅游专业实训教程系列。

本套教材共六本，包括：《旅游饭店前厅服务实训教程》、《旅游饭店客房服务实训教程》、《旅游饭店中西餐饮服务实训教程》、《酒吧管理与服务实训教程》、《导游服务实训教程》和《旅游服务礼仪实训教程》。

本套教程主要具有以下特点：

1. 体例新颖。本套教程改变了传统的教材体例，以全新的体例出现，给人以耳目一新之感。本教程将旅游学科中的理论知识点分解为可操作的实训项目，每本教材的目录中在章节之下为实训项目，清晰简洁，体现了实训教程的特点。在每一个实训项目中，对实训项目的实训目的、实训要求、实训时间安排、实训准备、实训操作流程和实训的规范操作步骤等方面进行了详细的说明，在每一个实训项目中附有一份测试表，以巩固和检验学生的实训效果。

2. 可操作性强。本套实训教程在编写体例上体现实训教程的特点，力图将本套教程编写成为指导学生实践操作的训练指南。将学生在旅游服务中应掌握的知识和技能分解到各个实训项目中，每个实训项目的训练要准备哪些材料和工具；如何准备训练场地，或如何布局和设计训练场景；按什么步骤，什么标准来训练学生；要达到什么样的目的，如何检测训练的效果，如何组织和实施实训项目等等。使本套教程具有极强的可操作性。

3. 贴近旅游行业的实际。本套教程充分体现旅游行业的特性，密切联系旅游行业的操作实际，注重行业的操作规范。尽可能设计全真的训练环境。实训项目根据旅游行业的特性分为四种类型：

第一类是动手操作类。这类实训项目主要是要求学生掌握动作要领和操作的规范，如中西餐饮服务中的托盘技术、客房服务中的铺床技术、酒吧服务中的鸡尾酒制作技术等。

第二类是操作程序类。这类实训项目主要是要求学生掌握服务操作的程序，它们往往是第一类实训项目的组合，即第一类实训项目大多是这类实训项目的分解项目，如中西餐饮服务中的中餐宴会服务、西餐宴会服务，客房服务中的客房整理等。

第三类是表单操作类。这类实训项目主要是要求学生掌握各种表单填写的程序和方法。如前厅服务中的客人入住登记服务、客房的预订服务等。

第四类主要为应变类。这类实训主要要求学生在服务操作中根据不同的情况向不同的客人提供相应灵活的服务，以训练学生的应变能力和分析问题的能力。并主要通过场景设计、角色模拟达到实战演练的目的。

4. 文字简洁性。本套教程文字简练，书中没有过多的文字描述，主要以各种表格和流程图为主，说明实训操作的流程和操作步骤，与实训相关的理论知识都作为附件附在各相关章节之后，供教学及学生自学之用。

旅游专业实训教程的编写在国内尚属首次，其编写和出版，创造了实训教程编写的新体例，相信它的出版必将带动和促进我国高职高专旅游专业实训教材的建设和繁荣，促进旅游专业实践教学的发展。

本套实训教程由刘亚忠、史霄鸿创意策划，黄安民主编，部分高校的任课教师、旅游饭店及旅行社的部门经理参与了编写。在编写的过程中得到了福建人民出版社和华侨大学经济管理学院、华侨大学高等职业技术学院、华侨大学资产处等单位的大力支持，特别是得到了福建人民出版社刘亚忠、史霄鸿先生的理解、支持和帮助，在此表示衷心的感谢！

由于作者的知识水平有限，本套教程中必定存在不少的问题，有待在实践操作和使用过程中进一步地修改和完善，敬请使用者不吝指正。

黄安民

2002年8月第一稿

2003年11月第二稿于华侨大学秋中湖畔

目　录

第一章　前厅部概述

前厅部是招徕并接待客人，推销客房及餐饮等饭店服务，同时为客人提供各种综合服务的部门。前厅部是饭店的营业橱窗，反映饭店的整体服务质量，是给客人留下第一印象和最后印象的地方，是建立良好的宾客关系的重要环节。前厅部的主要任务有：推销客房；接待客人；为客人提供各种综合服务；控制客房状况；负责客房账务；收集、加工、处理和传递有关经营信息等。

通过本章学习，了解前厅部的组织机构，熟悉其各岗位职责规范；掌握前厅部的总体运转和业务流程；熟悉前厅服务人员应该具备的素质和能力。本章的主要学习内容包括：前厅部的组织机构和职能；前厅部的总体运转和业务流程；前厅服务人员应该具备的素质。

第一节　前厅部的组织机构和职能

一、前厅部的组织机构

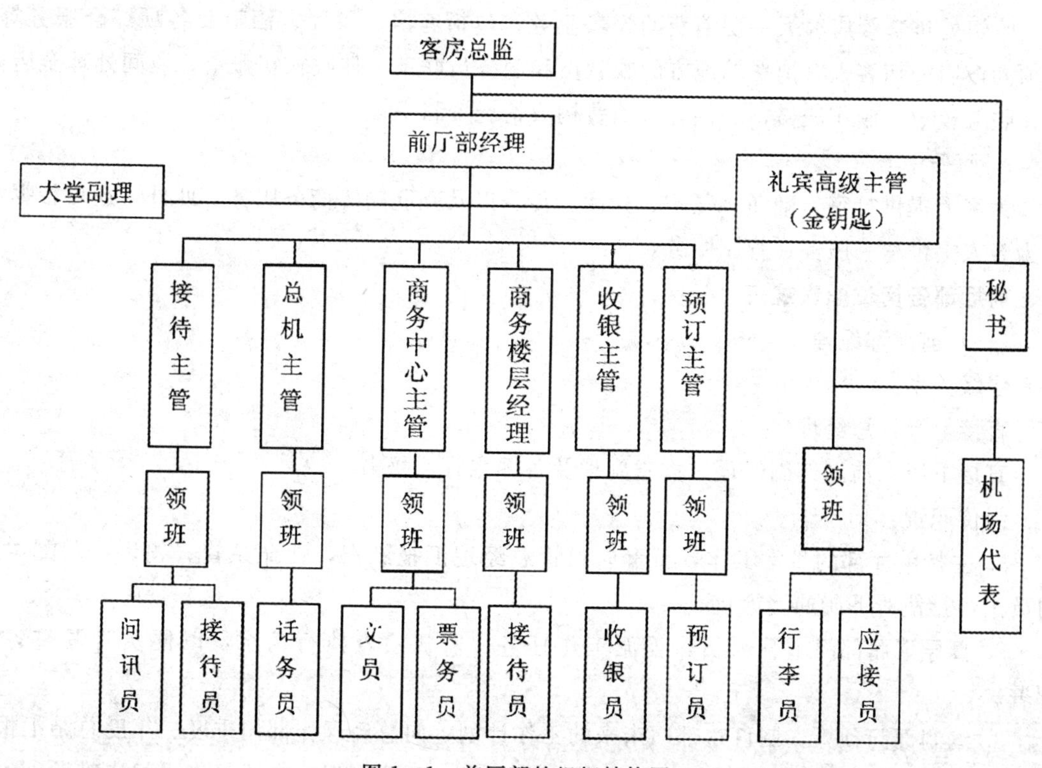

图1—1　前厅部的组织结构图

二、前厅部的职能

1. 预订处

预订处主要负责未来客户和目前客人的客房预订，了解饭店所有客房的占用和使用情况，以便保证未来不出现超额预订出租客房的登录工作；另外，当大型团队租用客房在饭店下榻时，预订部必须与销售部保持密切的联系。

2. 接待处

接待处肩负着客人的迎送接待，客人的下榻和开房登记，客人的结账等任务。

3. 问询处

问询处需回答客人有关饭店服务的一切问题及饭店外的交通、游览、购物等内容的询问，代客对外联络（主要是指机场、车站、游览点等代办服务事项）、代客保管钥匙和贵重物品；处理客人信函和会客服务，通知客人的电报、电话等。

4. 行李处（礼宾部）

恭候和带领客人到总服务台办理登记手续；护送客人去房间；带领客人前去服务台办理离店结账手续；安排好离店客人的交通，使客人感到热情、周到、惬意。

5. 电话总机（交换台）

及时、快速、准确地为饭店未来客户、游客来饭店下榻提供信息服务；提供市内电话及长途付费电话，将客人的电话费用转到服务台的收银结账处，登录在客人费用账目内；提供叫醒服务等。

6. 收银处

收银处负责饭店客人一切消费的收款业务，包括客房、餐厅、酒吧及各项综合服务等，必须同饭店一切客人有消费的地方的收款员和服务员联系，催收核实账单；夜间处理全店业务，收益核数，制作表格，提供客人消费构成情况资料等。

7. 商务中心

为客人提供打字、翻译、复印、长话、传真以及互联网等商务服务，此外，还可根据需要为客人提供秘书服务、管家服务。

三、前厅部各岗位职责规范

（一）前厅部经理

层级关系

直接上级：总经理

直接下级：前厅部副经理、大堂副理及各部主管、秘书

岗位职责：

1. 主持前厅部的日常工作，负责向主管总经理汇报工作，任命主管、领班，调配本部门员工，行使对下属的奖惩权。

2. 督导下属部门主管人员，委派工作任务，监督检查执行情况，以便及时调整各项部署。

3. 编制部门预算，制订本部门未来的工作计划，向总经理作部门季度、年度总结汇报。

4. 主持每周主管例会，传达饭店例会工作要点，听取汇报、布置工作，解决难题。

5. 熟悉饭店客房产品的数量、性质、前厅部所有设施的服务功能，通过对客房销售的有效控制及住房比例的合理分配，达到最高出租率，获得最佳收入。

6. 负责沟通本部门之间的联系。协调平衡本部门各工种之间所出现的工作矛盾。

7. 检查落实接待重要宾客的所有细节。

8. 重视对员工的培训工作，提高其职业水准、知识程度、操作技能、应变能力。

9. 督导检查本部门的安全及消防工作。完成上级交办的其他任务。

（二）大堂副理

直接上级：前厅部经理

岗位职责：

1. 负责检查大厅内各区域的设施完整。如需修理，应及时通知工程部。

2. 监督检查大厅清洁和环境卫生，检查大厅部位工作人员的仪表和工作效率，并将所发现的问题向前厅部经理报告。

3. 尽快解决客人投诉，尽量满足客人的要求，保持管理者与客人之间的关系和谐。

4. 确保在贵宾到达之前，做好一切必要的准备工作，如：登记卡、欢迎卡、检查客房清洁和布置标准等。迎接每一位贵宾，热情、礼貌地陪同客人进房。并按照工作程序批准置放水果、鲜花和礼品。

5. 编排每日到达、离开及住店贵宾名单，熟记其姓名，为每一位离店贵宾送行。落实贵宾接待的每一个细节。

6. 饭店客满时积极配合接待部人员做好客人的安置工作。

7. 夜班当值时，检查饭店公共区域及员工工作状态并将所发现的问题通知有关部门。

8. 当客人对账单有疑问时，根据饭店有关规定和授权处理。

9. 协助保安部调查异常事物和不受欢迎的客人，必要时，按照紧急情况处理程序的规定处理突发事件。

10. 每天坚持在值班记录本上记录当天发生的事情及投诉处理情况，并交前厅部经理。

11. 完成上级交给的其他工作。

（三）接待主管

直接上级：前厅部经理

直接下级：接待领班及接待员

岗位职责：

1. 主持前台各班次全面工作，做到上情下达，下情上达，督导员工按照工作程序向客人提供高效服务。

2. 创造和谐的工作气氛，减少工作中的摩擦。

3. 确保有效地分配出租房间，根据当天到达及离店客房名单，安排房间销售。

4. 督导问讯工作，有效地解决客人的投诉与有关部门的协调及联系。

5. 参与前台接待工作，有效地解决客人的投诉和本部门与有关部门的协调及联系。

6. 制定培训计划，组织实施。公平地评估下属工作，做好工作周记。

7. 检查督导本部门员工的仪表仪容、劳动纪律、微笑服务、礼貌用语及工作效率。

8. 负责安排重点宾客的接待工作和重要留言的落实和检查。负责检查前台所有报告的准确性。

9. 掌握房间预订情况，最大限度地销售即时房间。

10. 合理编排班次，管理、调配本部门使用的各项消耗品，严格控制成本。及时传达前厅部经理的指示。

（四）接待领班

直接上级：接待主管

直接下级：接待员

岗位职责：

1. 监督和参与所带班组的各项服务活动，及时检查下属员工处理事务的结果，发现问题及时纠正。

2. 保证前台的客房销售、接待入住、问讯回答、信息传递等服务工作的顺利进行。对新员工及时有效地提供帮助指导。

3. 查阅当晚的报表和值班日志上的记事和需要进一步落实的工作指示和事项。了解并及时记录本班次工作中出现的问题和需交代的事务，解答并处理下属员工解答处理不了的疑难问题。

（五）接待员

直接上级：接待领班

岗位职责：

1. 服从领班的分配，仔细阅读交接班本。

2. 熟悉前台接待和问讯的工作程序。处理住客延期住店，制作前台有关统计报表，为住客留言、存放简单物品等。

3. 管理客房钥匙、邮件分类、分发报纸，提供叫醒服务，回答客人提出的各类服务问题。

4. 推销客房、餐饮等饭店服务项目。

5. 搞好客际关系。

（六）预订主管

直接上级：前厅部经理

直接下级：预订领班、预订服务员

岗位职责：

1. 协助前厅部经理控制客房预订。建立一套完整合理的预订档案系统。制定房间销售情况的预测，有效掌握预订人员的工作活动。

2. 亲自查阅每份预订电传、传真和其他函件，对每项预订要求，予以认真的回复。对每个已确认的预订进行核实，争取预订最大可能地兑现。

3. 与销售部协调团体预订受理情况。

4. 督导预订部员工，负责培训新员工，对违纪员工提出处理意见。

5. 负责核查所有报表的准确性。完成上级交给的其他工作。

（七）预订领班

直接上级：预订主管

直接下级：预订员

岗位职责：

1. 以热情、礼貌的工作态度受理客人预订，将每项预订记录输入电脑，检查预订内容，整理客人住店历史档案。

2. 熟悉合同价格，准备各类预订统计报表，追查预订客人未到饭店住宿的原因，为特殊预订封存房间。

3. 监督、配合并参与预订工作人员的工作，掌握预订技巧，提高房间销售额。

（八）预订员

直接上级：预订领班

岗位职责：

1. 受理客人预订请求，并给予及时的确认、婉拒、更改、取消，将每项预订记录输入电脑，核查预订内容。

2. 准备各类预订统计报表，保存客人预订档案，拟写预订传真、电传文稿。

3. 为预订客人做好抵达前的准备工作。

（九）行李部主管

直接上级：前厅部经理

直接下级：行李及门卫领班、行李员、门卫

岗位职责：

1. 认真检查行李的合理存放、分配、运送，确保无误。

2. 向领班布置每日的具体工作任务。在饭店接待特殊宾客时，亲自指挥门前服务工作，保证贵宾安全、满意。

3. 管理行李员和门卫，督导其按照规定的工作程序操作，疏导大门前车辆。

4. 编排员工班次，组织本部培训工作，做好工作日记和行李部大事记。检查下属人员的仪表、仪容。了解员工思想动态及个人生活情况，帮助员工解决困难。

5. 管理本部门内劳动服务工具及各种业务报表，处理来自饭店内、外的各类与本身业务有关的投诉。

6. 制作各类有关统计报告。

（十）行李领班

直接上级：行李部主管

直接下级：行李员、门卫

岗位职责：

1. 合理调配当班期间劳动力，准确、及时地运送团队、散客行李。

2. 按规定要求检查下属员工的礼节、仪表、着装、劳动纪律和工作效率。

3. 检查、督促工作人员按操作规程进行工作，协助主管培训新员工，对老员工进行在职培训。

4. 处理客人对本班组的投诉。

5. 填写交接班表及工作日记，并保证所有报表的准确性和及时送出。

6. 主持召开班组例会，做好下属的思想工作，调解员工之间矛盾。

（十一）行李员

直接上级：行李领班

岗位职责：

1. 准确、及时地为客人运送行李，提供优质服务。

2. 与旅行社行李员交接行李。

3. 为住店客人传送信件、电报、电传、留言等，为饭店各部门传递表格、文件。

4. 为客人寄存和提取行李，保证行李房内清洁卫生。

5. 站立于大门两侧代表饭店迎送客人，回答客人的提问，负责在公共场所寻找客人。

6. 准确无误地接听电话，重要事件记录在专门本子上，并及时向上级报告异常情况和特殊事宜。

（十二）门卫

直接上级：行李领班

岗位职责：

1. 负责对抵店和离店的客人表示迎接和欢送，准确及时提供开门、拉门服务。

2. 宾客车辆停稳后，按照规定的程序热情、主动地为客人开启车门，欢迎客人；送客人离店时帮客人叫车，开启车门，送客人上车。

3. 负责调度及控制饭店门前抵离的各种车辆，保持大厅门口整齐、清洁、秩序良好。

4. 为住店客人提供租借饭店客用自行车、手摇轮椅、雨伞等服务。

5. 注意观察进出饭店客人，发现可疑情况立即报告，并采取有效行动。

6. 协助行李部疏导和搬运抵达或离店的团队及散客行李。

7. 保持仪表整洁，态度和蔼，给客人留下良好的饭店形象。

（十三）商务中心主管

直接上级：前厅部经理

直接下级：商务中心领班、服务员

岗位职责：

1. 定期检查各种设备的运营情况并监督本部员工对各项设备的使用和保养，保证设备安全运转。

2. 处理客人对本部门的投诉，保证对客服务质量。

3. 检查当日工作记录及各种营业报表。

4. 制定培训计划，做好员工培训，定期对本部门员工的工作表现进行评估。

5. 完成上级交给的其他任务。

（十四）商务中心领班

直接上级：商务中心主管

直接下级：商务中心服务员

岗位职责：

1. 负责带领所属班次的员工按标准向客人提供传真、电传、复印、打字等服务。办理非住店客人的长途电话业务及其他业务。

2. 检查下属员工的工作质量、各种报表及工作设备和环境的保养及清洁。

3. 熟悉本部的各项业务及程序，检查贯彻落实情况，发现问题，及时纠正。

4. 做好当班工作日志。

（十五）商务中心服务员

直接上级：商务中心领班

岗位职责：

1. 有效、准确地为客人收、发电传和传真，为客人留言，通知传真收到，将收到的电传、传真交给前台，迅速转交客人。

2. 为客人复印资料、打字及上网提供服务。

3. 接待并安排来店客人打长途电话，为客人解决商务活动中的困难。

4. 清洁各种服务设备。

（十六）总机主管

直接上级：前厅部经理

直接下级：总机领班

岗位职责：

1. 主持总机班全面工作，负责计划、监督和指导总机的运营管理。

2. 负责提供和编写饭店内部电话号码及宾客需用的常用电话号码。

3. 了解下属员工在工作中遇到的问题并及时予以解决。

4. 编排员工班次，做好工作周记。

5. 有重点宾客接待任务时，提醒当班人员予以重视，并布置检查。

6. 定期与长途台保持联系，以使电话业务顺利开展。

7. 沟通饭店各部门之间的联系，对饭店新增设的服务项目或有改动的服务时间等及时通知总机班。

8. 定期、定时检查各种报表的完成情况和准确性。

9. 熟悉总机室外的一切工作程序并能熟练地操作，准确、高效地接转各种电话。

10. 完成领导交给的其他任务。

（十七）总机班领班

直接上级：总机主管

直接下级：总机话务员

岗位职责：

1. 监督指导本班话务员的工作，上班前检查账目是否有跑账、漏账，如发现及时处理。

2. 应客人或其他有关人员的需求提供有用的信息，根据饭店制度规定，这些信息必须是非保密性的。

3. 检查话务员的礼貌用语、服务态度、服务质量及遵守纪律的情况。

4. 遇到紧急情况，立即通知有关部门，并注意保密，不扩大不张扬。

5. 能用准确、流利的英语处理当班内所发生的客人国际国内直拨电话计费问题。

6. 做好交接班日记，检查各种报表的准确性。

（十八）总机话务员

直接上级：总机领班

岗位职责：

1. 运用礼貌、热情、甜美的语言，迅速、准确地接转每一个通过交换台的电话，处理需人工接转的长途电话。礼貌地回答客人提出的问题，热情解答询问。

2. 账目清楚，如有跑账、漏账，及时向领班汇报。

3. 每班下班前做好交接班，认真写交接日记。

4. 遇到投诉及其他问题及时向领班汇报。

5. 夜班话务员做好结账工作和直拨统计表，输入叫醒名单。认真准确地为客人提供叫醒服务和留言服务。

6. 爱护机器设备，如有损坏及时向领班汇报。

7. 熟记店领导电话及各大饭店、公司、领事馆、部委电话号码，未经允许不得私自将店领导电话告诉客人。熟悉市内常用电话，主动帮助用户查找电话号码及接通市内电话。

8. 严格遵守话务纪律，保守饭店秘密。

（十九）机场代表

直接上级：行李部主管

岗位职责：

1. 合理安排车辆。负责为住店客人提供满意的接送服务，了解每天接送客人情况预测表，掌握每位客人的特殊要求，向司机班发接送通知单。及时与前台和机场联系，获取有关航班抵离港情况避免误接或未接现象发生。

2. 在机场宣传、介绍饭店产品及服务，争取未预订散客下榻饭店。

3. 负责协助饭店有关部门联系机场业务。

三、前厅部各岗位人员素质要求

（一）前厅部经理

1. 文化程度：具有高等院校专科以上或同等文化程度。

2. 饭店经验：具有十年以上饭店前厅部、客房部、销售部工作经验获取旅游局颁发的岗位证书。

3. 熟知前厅部业务知识，掌握每个工作环节和程序。

4. 具有饭店管理基础知识和丰富的实际工作经验，善于运用科学的管理手段进行组织、计划、控制、指导和协调前厅部的业务工作。

5. 了解市场，掌握饭店经营及管理动态，善于处理各类投诉。

6. 熟悉管理心理，善于激励下属，能够与各业务部门协调合作。

7. 具有熟练的外语会话、书写能力。

8. 思维敏捷，决策果断；性格外向，善于交际；仪表整洁，气质高雅。

（二）大堂副理

1. 文化程度：大专以上毕业或同等文化程度，受过旅游与饭店管理专业培训。

2. 饭店经验：具有五年以上饭店前厅工作经验。

3. 熟悉本部门工作程序，了解饭店各项服务工作的规律和特点，掌握与工作有关的各项业务知识。

4. 具有处理人际关系能力、很强的协作能力和敏锐的观察能力、很强的外语会话能力。

5. 仪表整洁，落落大方，有较高的工作威信。

（三）接待主管

1. 文化程度和饭店经验的要求相同于大堂副理。

2. 熟悉本部门各项工作程序，并能熟练操作。能亲自制作前台的各种报表。

3. 能同客房部、饮食部、销售部配合，满足客人要求。

4. 有效地处理投诉，应对特殊要求。

5. 能制定本部门培训计划，能亲自培训员工。

6. 仪表整洁，性格外向，思维敏捷，勇负重担。

（四）接待领班

1. 文化程度和饭店经验的要求相同于大堂副理。

2. 熟练掌握前台各项工作操作程序，具有丰富的业务知识和娴熟的工作技能。

3. 仪表整洁，礼貌待人，思维敏捷，理解接受能力和自控能力强，善于应变。

（五）接待员

除饭店经验外，其他要求相同于接待领班。

（六）预订主管

1. 文化程度：具有高等院校专科以上毕业文化程度。

2. 饭店经验：具有五年以上前厅工作经验，其中二年以上预订或接待工作经验。

3. 熟悉预订部工作程序和每个工作环节，掌握饭店产品知识和市场知识。

4. 了解海内外预订网络及饭店与这些系统的合同关系。

5. 具有熟练的外语书写及会话能力。

6. 拥有较多的商业客户。

7. 具有严谨、认真的工作态度和作风。

（七）预订领班

1. 文化程度和饭店经验的要求相同于预订主管。

2. 熟悉并掌握预订工作程序及每一个工作环节。

3. 责任心强，能独立地处理各类预订函件，能熟练使用外语进行业务洽谈。

4. 具有公关及销售技能，同客户保持经常的业务联系；同饭店各部门关系融洽。

（八）预订员

预订员的素质要求相同于预订领班。

（九）行李主管

1. 文化程度和饭店经验相同于大堂副理。

2. 具有较强的外语沟通能力、协调控制能力、解决疑难问题的能力。

3. 熟悉本部门各项工作程序及有关业务规定。熟知本地修理业及其他有关服务业的地址、营业项目和时间，以便安排杂项服务。

4. 敢于承担工作重压。

（十）行李领班

1. 文化程度：具有高中或职高毕业文化程度。

2. 饭店经验：具有三年以上饭店前厅工作经验。

3. 身体强健，肯吃苦。

4. 其他要求相同于行李部主管。

（十一）行李员

1. 文化程度：具有职高毕业文化程度。

2. 熟悉本部门工作程序和操作规则，熟悉饭店内各条路径及有关部门位置。了解店内的各项服务内容、时间、地点，各种销售活动信息。

3. 能运用外语同宾客进行简单会话。

4. 做到眼勤、嘴勤、手勤、腿勤，不怕苦和累。

（十二）门卫

1. 能够始终以微笑的面孔和亲切热情的态度迎接、送别客人。掌握礼宾、礼仪知识。

2. 做到应酬周到，动作敏捷。

3. 身体素质好。

（十三）商务中心主管

1. 文化程度：具有高等院校文秘专科毕业文化程度。

2. 熟悉本部门的工作程序，有突出的工作技巧和服务技能，具有很高的外语听、说、写的能力。

3. 具有良好的客人关系，耐心和细致的工作态度。

（十四）商务中心领班、服务员

1. 文化程度：具有高中或中等文秘专科毕业文化程度。

2. 具有熟练的打字技术、电脑操作等技能。

3. 工作有效率，认真仔细。

（十五）总机主管

1. 文化程度：具有高等院校电讯专科毕业文化程度。

2. 充分认识电话服务在整个饭店管理中的重要性，并能经常提醒话务员给予重视。熟悉人工长途电话、国际国内直拨电话服务的程序和特点，全面掌握电话总机各种设备的使用规则和工作性能。

3. 熟悉各种话务的不同收费标准，掌握电话结算的方法，能够有效地控制成本。

4. 熟悉饭店内所有电话分机号码，熟记相当数量的外界电话号码；能独立地处理电话业务中的客人投诉；有较高的外语听说水平。

5. 嗓音优美动听。

（十六）总机话务员

1. 保持热情礼貌的工作态度，严格控制自己的情绪。熟悉电话业务基础知识。熟记300

个以上常用电话号码，熟记店内长住户的房号及姓名。

2. 具有较强的外语会话及听、写能力。

（十七）机场代表

1. 熟悉行李部的工作程序。了解机场和火车站的周围环境、工作条件、规章制度。非常熟悉国际、国内航班抵离时间和规律。

2. 能够独立在外代表饭店处理特殊事件。

3. 身体健康，善于交际，善于观察。

第二节 前厅部的总体运转与业务流程

一、前厅部的总体运转与业务流程

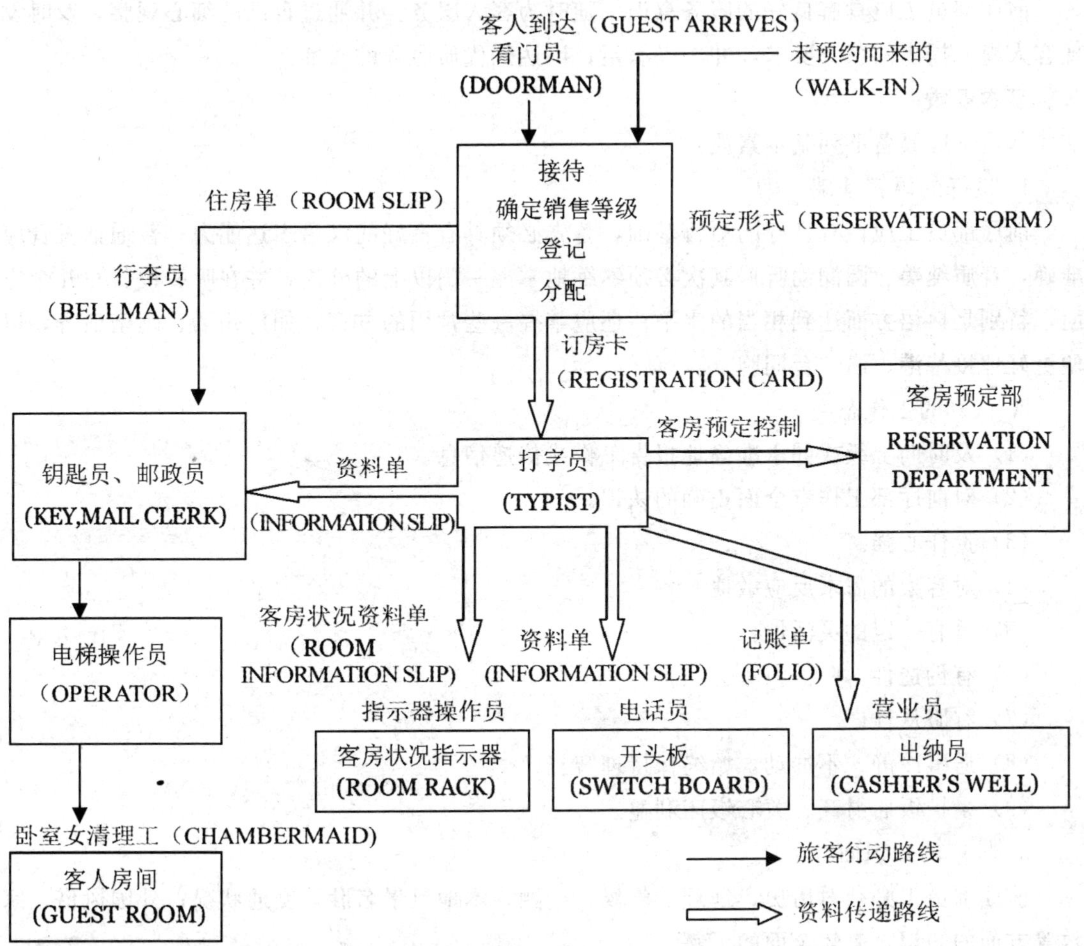

图 1—2 前厅部的总体运转与业务流程图

第三节　前厅服务人员应具备的素质

在饭店各部门中，前厅部对员工素质的要求是比较高的。前厅部的任务能否完成，主要取决于前厅部员工的素质能否达到工作要求。前厅部员工素质的高低，是饭店经营成败的一个重要因素。

一、品行与职业道德

前厅部员工首先必须品行端正、诚实，且具有较高的修养及职业道德水平。前厅部的工作会涉及价格、现金及饭店营业机密，如果员工品行不正，就很容易利用饭店管理中的漏洞为个人牟取私利；如果员工修养不好，也很难提供高水平的服务。

二、服务意识

前厅部员工应具有良好的服务意识，随时为客人服务，并通过自己的细心观察，及时发现客人尚未提出的服务要求，并予以满足，以达到优质服务的水准。

三、基本素质

前厅部员工应具备下列基本素质：

1. 良好的语言基础

前厅部员工应该有良好的语言基础，首先必须具有良好的汉语表达能力；普通话发音应准确，音质纯美、圆润动听；其次必须熟练地掌握一门以上的外语，并在听、说、写几个方面，特别是口语方面达到相当的水平；还应掌握一些常用的方言，如广州话、闽南话等，以便更好地接待港、澳、台同胞。

2. 认真的工作态度

（1）及时向上级或同事准确地报告工作或传递信息。

（2）对前厅部工作有全面正确的认识。

（3）责任心强。

（4）对客人的需求反应敏捷。

（5）具有一定的灵活性。

（6）有创造性。

（7）有服从性。

（8）遇事冷静、不冲动，始终保持理智。

（9）爱护饭店财产、关心饭店利益。

3. 较广的知识面

前厅部员工必须对历史、地理、气候、金融；本地风景名胜，交通状况；外国风俗、宗教等方面的知识，有较全面的了解。

4. 端正的仪表、举止

（1）穿戴整齐，按饭店规定着装。

（2）注意个人卫生。

（3）举止得体。

前厅部员工要有得体的举止。因为他们的一言一行都关系到客人对员工本身及饭店的印象。例如，在进行站立服务时，不得踱步、转圈、把手插入口袋或抱在胸前，以免给客人以局促、心乱、坐立不安的印象。

5. 得当的礼节礼貌

前厅部员工必须对客人有礼貌，见了客人要主动问好，并问客人是否需要帮助。无论与谁谈话，都要养成聆听的习惯，不要打断他人的讲话，同时眼睛要自然地注视着客人，与客人进行目光交流。

6. 温馨的微笑

微笑是礼貌的表现，前厅部员工的微笑服务，一方面能向客人展示出饭店对客人真诚的欢迎；另一方面也能使员工精力集中、精神饱满地为客人服务。

7. 良好的体质

按饭店的规范，前厅部员工应具有连续八小时为客人提供站立服务的能力。

8. 适度的幽默感

前厅部工作涉及的知识面广，对员工的素质要求高，这就要求每位前厅部员工勤奋好学，不断学习新知识，迎接工作的挑战。

四、能力

1. 自我控制能力

前厅部员工应具有较强的自我控制能力，能在较短的时间内使自己的情绪由差转好；能在未预料的事件发生时保持理智，有条不紊地处理问题。

2. 人际关系能力

前厅部员工与同事、客人及上级，都应该搞好关系，互相理解、互相合作，以便顺利地完成工作。

3. 推销能力

前厅部的首要任务是推销客房，前厅部员工只有具备较强的推销能力，才能给饭店带来良好的经济效益。

4. 应变能力

客人的性别、国籍、年龄、职业、教育程度、职务和需求等各有不同。前厅部员工必须具备应变能力，才能有针对性地提供优质服务。

5. 记忆能力

前厅部员工应有较强的记忆能力，特别是对时间、人名、人的特征等，能够迅速、准确地记牢，以提供令客人满意的服务。

6. 理解及表达能力

前厅部员工应具备较强的正确理解的能力，能迅速、准确地理解他人的言行；同时还应该善于用准确、简单的方式，表达自己的意图。

7. 计算能力

8. 预测及判断能力

五、技能技巧

前厅部常用的技能技巧有：打字、速记、电传、电脑操作、接打电话、常用中英文信函写作、计算器操作及有关业务表单的填写、整理、存档等等。熟练掌握这些技能技巧，是前厅部员工提供高效、优质服务的前提。

总之，饭店对前厅部员工的素质要求极高，一位前厅部员工，应可以担当下列重要角色：

管理机构的代表；

饭店的推销员；

信息的提供者；

资料的记录、保存者；

钱款的处理者；

客人问题的解决者；

饭店对外交往的代表；

饭店各部门的协调者；

饭店的友善大使；

饭店服务质量与规格的展示者。

讨论题：

1. 前厅部的地位和作用表现在哪些方面？
2. 前厅部各班组的职能有哪些？
3. 对未预约而来的客人，前厅部工作人员的接待流程是什么？
4. 前厅部的服务人员，应具备什么样的语言表达能力？
5. 前厅部的服务人员应具备哪些服务技能技巧？

第二章　前厅预订业务实训

预订，是指客人在抵店前对饭店客房的预先订约。预订在得到饭店的确认后，饭店与客人之间便确立了一种合同关系。据此，饭店有义务以预订确立的价格为客人提供他希望使用且已得到饭店确认的客房。对于客人来说，通过预订保证客人住房需要，尤其是在饭店供不应求的旅游旺季，预订具有更重要的意义。而对于饭店来说，便于它提前做好一切接待准备工作，如人员安排、设施设备的更新改造、低值易耗品及饭店食品、饮料的采购等。

通过本章学习和实训，掌握前厅预定工作程序；熟悉散客和团体预订业务流程；熟悉和掌握电话预订服务、信函预订服务、传真预订服务、计算机网络预订服务、柜台预订服务的内容；掌握更改预订、取消预订、婉拒预订和控制预订的流程和操作技能。

第一节　前厅预订业务实训项目安排

前厅预订业务实训项目包括散客预订服务、会议团队预订服务、电话预订服务、信函预订服务、传真预订服务、计算机网络预订服务、柜台预订服务、更改预订服务、取消预订服务、婉拒预订服务和控制预订服务，实训总学时数为 10 学时。

实训项目	实训内容	实训时间	备　注
实训项目一	散客预订服务（包括确认预订、预订的存档、预订数据的分析等）	2.5 学时	预订考核时间按每人 20 分钟计算
实训项目二	会议团队预订服务	2.5 学时	
实训项目三	电话预订服务	1 学时	
实训项目四	信函预订服务	0.5 学时	
实训项目五	传真预订服务	0.5 学时	
实训项目六	计算机网络预订服务	0.5 学时	
实训项目七	柜台预订服务	0.5 学时	
实训项目八	更改预订服务	0.5 学时	
实训项目九	取消预订服务	0.5 学时	
实训项目十	婉拒预订服务	0.5 学时	
实训项目十一	控制预订服务	0.5 学时	
总实训时间		10 学时	

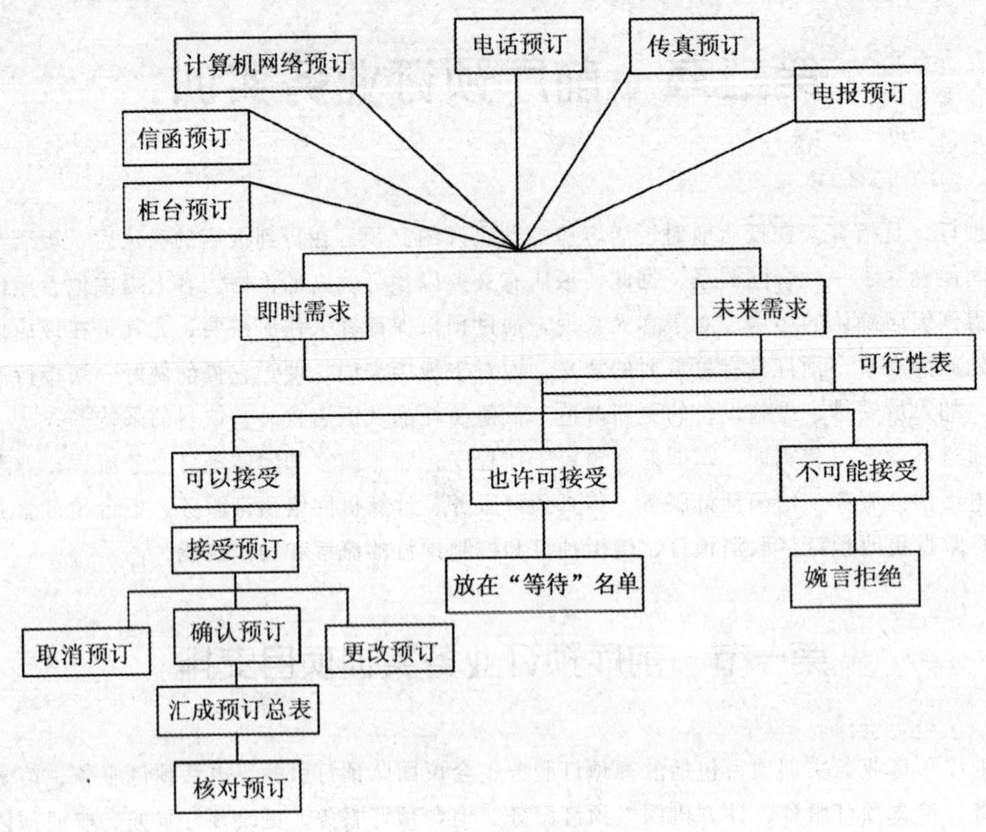

图 2－1　前厅预订工作程序图

第二节　前厅预订业务实训项目

实训项目一：散客预订服务

一、实训安排

实训项目	散客预订服务
实训时间	2.5 学时
实训目的	使学员掌握散客预订服务的步骤和方法
实训要求	1. 态度热情友善，服务动作规范得体，语言应用得体 2. 记录准确，特殊要求特别记录
实训方法	先按 8 人一组由老师进行示范，然后按每 2 人一组进行实际操作

二、实训准备

模拟前厅一间，电脑、电话、传真机、预订单、可行性表、预订控制架等。老师先进行示范讲解，后由学员模拟操作。

三、实训操作流程

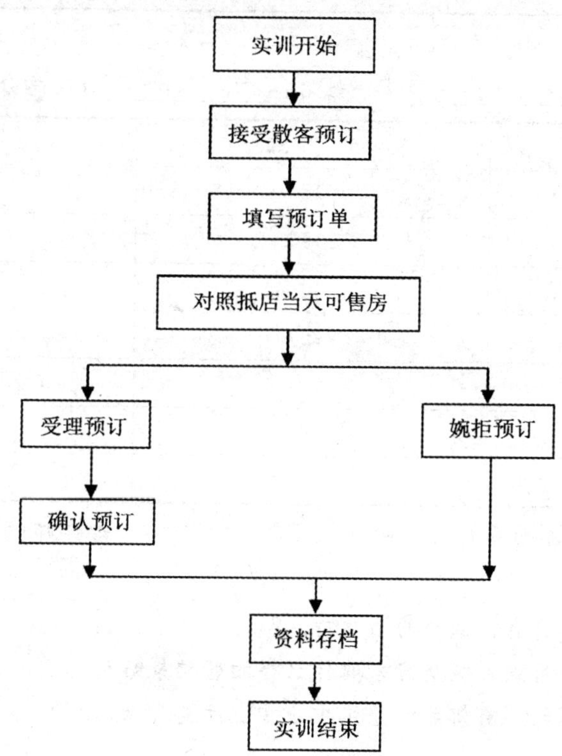

四、实训操作规范

步　　骤	主 要 操 作 内 容
接受散客预订	仔细核对客人预订要求并作好记录
填写预订单	认真填写预订单
婉拒或受理	预订员对照抵店当天可售房状况，视如下情况决定是否受理预订：预订的抵店日期、订房种类、用户数量、住店天数等。若对客人所提订房要求不能即刻进行明确答复，应请对方留下电话号码，并商洽再次通话的时间
资料存档	将所有资料按预订日期先后或客人英文姓氏字母顺序排列进行存档备查

五、服务要点

服务要点	规 范 动 作	原　　因
婉拒或推销技巧	预订员对照抵店当天可售房状况，可以根据预订的抵店日期、订房种类、用户数量、住店天数等确定是否受理预订。若对客人所提订房要求不能即刻进行明确答复，应请对方留下电话号码，并商洽再次通话的时间	婉拒态度生硬，缺乏技巧；不能适时推销产品

六、服务过程中容易出现的问题及解决途径

服务环节容易出现的问题	解 决 途 径
婉拒态度生硬，缺乏技巧	掌握语言技巧和顾客心理并正确应用于工作中；严格要求和培训，提高此服务环节的有效性
不能适时推销替代产品	

七、考核测试

组别：＿＿＿＿＿＿　姓名：＿＿＿＿＿＿　总分：＿＿＿＿＿＿

项　　目	分　数	扣　　分
接受散客预订	15	
填写预订单	15	
对照抵店当天可售房状况	10	
受理预订或婉拒预订	25	
确认预订	15	
资料存档	10	
备　　注	10	

考核时间：　　年　　月　　日　　考评师（签名）：＿＿＿＿＿＿

八、讨论题

1. 何谓散客？散客具有什么样的消费特点？

2. 针对散客的消费特点，饭店应采取什么样的营销策略？

3. 散客入住登记的程序有哪些？登记中应重点注意什么问题？

实训项目二：会议团队预订服务

团队客人是饭店的重要客源，尤其是会议团队客人。接待团队客人对建立稳定的客源市场、提高饭店的出租率、保持与增加收入有重要意义。

案例：坐落在杭州笕桥机场出口处不远的某饭店，是一家三星级饭店，饭店内常会遇到因飞机晚点而没有被接机人接走的客人。这天，下着滂沱大雨，从北京飞来杭州的YE1107班机比预定时间晚到了整整一个小时。有6位客人预订了市中心某四星级宾馆的客房，但是在机场出口处并未见到该宾馆的接客车。因为下雨，6位客人就来到了该饭店大堂等候。

分析：对于这6位客人在大堂的出现，大堂副理应该作出何种处理？

1. 立即上前问候，介绍本饭店，希望能留下这6位客人。

这个做法太急功近利，会引起客人的反感，断绝饭店可能出现的商机。

2. 上前询问，安慰客人。得知具体情况后，帮助客人联系订过的饭店。联系好后把情况告诉客人，请客人安心等待。

这种做法解决了客人的实际问题，给客人留下了好印象，为使潜在客人成为饭店的正式客人创造了条件。

3. 如果再等一会儿接客车还不来，大堂副理应再次上前请客人安心等待，并适时、恰当地介绍本饭店的设施情况和服务，使宾客对本饭店有所了解。

这样做既给客人提供了一种消遣方式，也有意识地宣传了本饭店。

4. 如果再等一会儿接客车还没来，可以帮客人打电话再度联系。如果对方车辆来不了，说明可以帮助客人联系出租车。这时，6 位客人会被饭店热情、耐心的服务所感动，再加上天还下着雨，路上出租车较少，客人可能会说“不用再找车了，我们今天就住你们饭店啦”。

启示：饭店员工应有全员销售的意识，把握一切商机进行推销，但不可操之过急。饭店员工应有良好的推销技巧，优良服务的本身就是最好的广告宣传和推销。应设法让客人先了解自己的饭店，在适当的时机以巧妙的方式进行推销。每一位进入饭店大门乃至打饭店电话的客人，都可能成为饭店的潜在客人或对潜在客源有影响的人。

一、实训安排

实训项目	会议团队预订服务
实训时间	2.5 学时
实训目的	使学员掌握团队预订服务的步骤和方法
实训要求	1. 态度热情友善，服务动作规范得体，语言应用得体 2. 记录准确，特殊要求特别记录
实训方法	先按 8 人一组由老师进行示范，然后按每 2 人一组进行实际操作

二、实训准备

模拟前厅一间，电脑、电话、传真机、预订单、可行性表、预订控制架等。老师先进行示范讲解，后由学员模拟操作。

三、实训操作流程

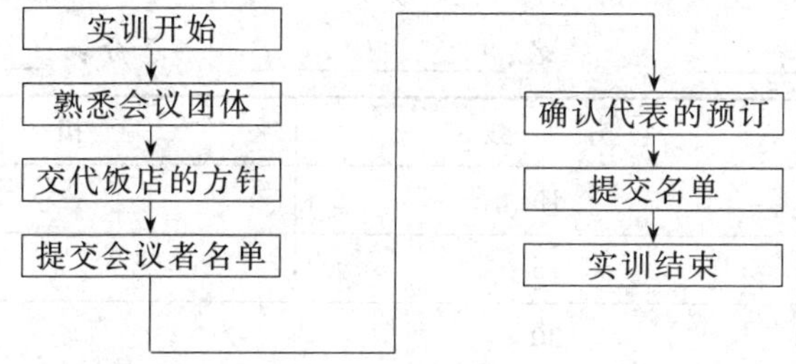

四、实训操作规范

步　　骤	主要操作内容
熟悉会议团体	了解、熟悉会议团体，要知道他们的全面情况，特别是他们以往的取消预订，预订未到人数情况以及最后一分钟的预订历史情况等
交代饭店的方针	确保有关饭店的一切方针都与会议组织者交代清楚。让会议组织者了解每一个特定会议或会议团体都已经在饭店安排了活动日程
提交会议者名单	饭店应向会议组织者提供参加会议者名单，这样可以协助会议组织者发现或避免一些错误，如人名拼写错误，前来饭店下榻日期或结账离店的日期不对等。会议组织者查出错误后，饭店应立即纠正这些错误（许多会议组织者对他们反复提到的错误仍然没有得到纠正，感到很苦恼也很反感）

续表

步　骤	主要操作内容
确认代表的预订	尽快确认每位会议代表的预订
提交名单	一旦会议团体成员都已经在饭店下榻，就要向会议组织者提供与会人员住房名单及参加会议服务的工作人员名单

五、服务要点

服务要点	规范动作	原　因
熟悉会议团体全面情况	了解、熟悉会议团体，要知道他们的全面情况，特别是他们以往的取消预订，预订未到人数情况以及最后一分钟的预订历史情况等	会议团体人数多，了解情况不全面，不及时
提交会议者名单要求	饭店应向会议组织者提供参加会议者名单，协助会议组织者发现或避免一些错误，如人名拼写错误，前来饭店下榻日期或结账离店的日期不对等。会议组织者查出错误后，饭店立即纠正这些错误（许多会议组织者对他们反复提到的错误仍然没有得到纠正，感到很苦恼也很反感）	饭店与会议组织者核对不及时；饭店未及时更正登记中的错误

六、服务过程中容易出现的问题及解决途径

服务环节容易出现的问题	解　决　途　径
不能全面及时熟悉会议团体情况	掌握团体预订服务程序和技巧是确保该环节不出现问题的最佳保障。同时，要严格要求和培训，提高此服务环节的有效性
不能及时准确提供会议者名单	
不能及时准确地更正出现的登记错误	

七、考核测试

组别：＿＿＿＿＿＿　姓名：＿＿＿＿＿＿　总分：＿＿＿＿＿＿

项　目	分　数	扣　分
熟悉会议团体	15	
交代饭店的方针	15	
提交会议者名单	30	
确认代表的预订	30	
提交名单	10	

考核时间：　　年　　月　　日　　　　考评师（签名）：＿＿＿＿＿＿

八、讨论题

1. 何谓团队预订？

2. 团队预订具有什么样的消费特点？

3. 分析团队预订在饭店客源市场中的地位和作用以及营销策略？

4. 团队预订入住登记的程序有哪些？登记中应重点注意什么问题？

5. 团队预订服务的主要内容是什么？

实训项目三：电话预订服务

一、实训安排

实训项目	电话预订服务
实训时间	1学时
实训目的	使学员掌握电话预订服务的步骤和方法
实训要求	1. 态度热情友善，服务动作规范得体，语言应用得体 2. 记录准确，特殊要求特别记录
实训方法	先按8人一组由老师进行示范，然后按每2人一组进行实际操作

二、实训准备

模拟前厅一间，电脑、信函、可行性表、预订控制架、打印机、信封、邮票、信纸、荧光笔等。老师先进行示范讲解，后由学员模拟操作。

三、实训操作流程

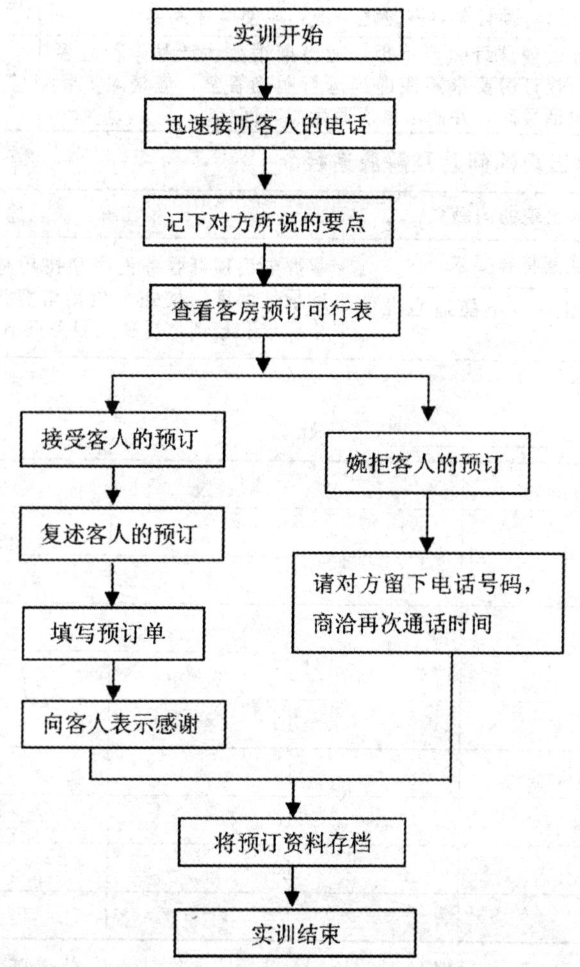

四、实训操作规范

步　骤	主要操作内容
接　听	迅速接听电话，若电话响过两次或两次以上，应首先向客人致歉
倾听、记录	(1) 向客人问好，并自报家门；(2) 细心接听电话，随手记下对方所说的要点，然后复述一遍对方所说的内容
核　查	查看“客房预订可行表”，确定是否接受客人的预订要求
复述和填单	填写预订单，并复述一遍，以便确保无误
留下电话	(1) 对客人的订房表示感谢。(2) 若对客人所提订房要求不能即刻进行明确答复，应请对方留下电话号码，并商洽再次通话的时间
存　档	(1) 确定客人挂上电话后，才能挂上电话。(2) 将客人的预订单存档

五、服务要点

服务要点	规范动作	原　因
接听和记录要求	迅速接听电话，若电话响过两次或两次以上，应首先向客人致歉。细心接听电话，随手记下对方所说的要点，然后复述一遍对方所说的内容	记录全面，避免遗漏特殊要求
复述和填单要求	查看“客房预订可行表”，确定是否接受客人的预订要求。填写预订单，并复述一遍，以便确保无误	避免遗漏和不准确信息
善后要求	不能受理预订时要婉拒，适当推销替代产品。若对客人所提订房要求不能即刻进行明确答复，应请对方留下电话号码，并商洽再次通话的时间	全员销售意识，培育潜在客源

六、服务过程中容易出现的问题及解决途径

服务环节容易出现的问题	解　决　途　径
接听和记录不全面，遗漏特殊要求	掌握电话预订服务程序和技巧是确保该环节不出现问题的最佳保障。增强全员销售意识，培养潜在客源。要严格要求和培训，提高此服务环节的有效性
不能受理预订时态度生硬，不能适当推销本饭店的替代产品	

七、考核测试

组别：＿＿＿＿＿　姓名：＿＿＿＿＿　总分：＿＿＿＿＿

项　目	分　数	扣　分
接听电话	10	
倾听、记录	15	
核查	10	
接受或婉拒	15	
预留电话	10	
复述客人的预订	10	
填写单	10	
表示感谢	10	
资料存档	10	

考核时间：　　年　　月　　日　　　　考评师（签名）：＿＿＿＿＿

八、讨论题

1. 电话预订服务的关键是什么？
2. 电话预订服务的程序有哪些？
3. 电话预订服务容易出现哪些问题？解决的途径是什么？

实训项目四：信函预订服务

一、实训安排

实训项目	信函预订服务
实训时间	0.5学时
实训目的	使学员掌握信函预订服务的步骤和方法
实训要求	1. 态度热情友善，服务动作规范得体，语言应用得体 2. 记录准确，特殊要求特别记录
实训方法	先按8人一组由老师进行示范，然后按每2人一组进行实际操作

二、实训准备

模拟前厅一间，电脑、信函、可行性表、预订控制架、打印机、信封、邮票、信纸、荧光笔等。老师先进行示范讲解，后由学员模拟操作。

三、实训操作流程

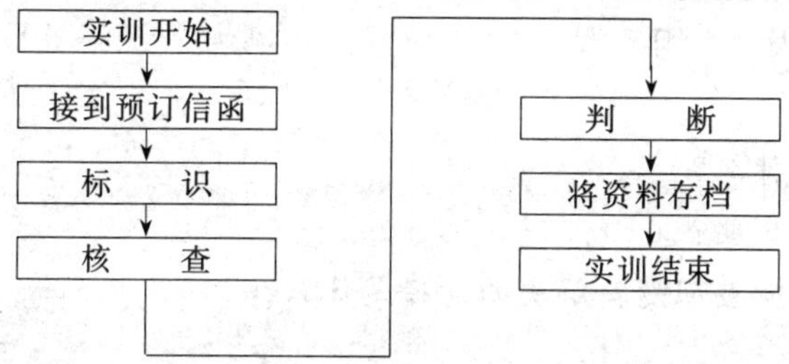

四、实训操作规范

步　骤	主要操作内容
收到信函	收到预订信函后，首先应进行分类
标　识	用荧光笔划出预订，以便识别
核　查	查看可行性表，确定当日定房状况
判　断	确定是否受理预订
回　复	将是否受理预定情况反馈给客人
存　档	将资料存档，以备查

五、服务要点

服务要点	规范动作	原因
受理与回复要求	收到预订信函后，首先应进行分类。用荧光笔划出预订，按时间先后标明以便识别。确定受理后用多种方式及时回复	回复不及时和回复方式单一易造成延误

六、服务过程中容易出现的问题及解决途径

服务环节容易出现的问题	解决途径
回复不及时，造成延误	掌握信函预订服务程序和技巧是确保该环节不出现问题的最佳保障。确定受理后用多种方式及时回复。要严格要求和培训，提高此服务环节的有效性
回复方式单一，造成延误	

七、考核测试

组别：________ 姓名：________ 总分：________

项目	分数	扣分
接到预订信函	15	
标识	15	
核查	20	
判断	20	
回复	20	
存档	10	

考核时间： 年 月 日 考评师（签名）：________

八、讨论题

1. 信函预订服务的关键是什么？
2. 信函预订服务的程序有哪些？
3. 信函预订服务容易出现哪些问题？解决的途径是什么？

实训项目五：传真预订服务

一、实训安排

实训项目	传真预订服务
实训时间	0.5学时
实训目的	使学员掌握传真预订服务的步骤和方法
实训要求	1. 态度热情友善，服务动作规范得体，语言应用得体 2. 记录准确，特殊要求特别记录
实训方法	先按8人一组由老师进行示范，然后按每2人一组进行实际操作

二、实训准备

模拟前厅一间，电脑、传真件、可行性表、预订控制架、传真机、确认单、荧光笔等。

老师先进行示范讲解，后由学员模拟操作。

三、实训操作流程

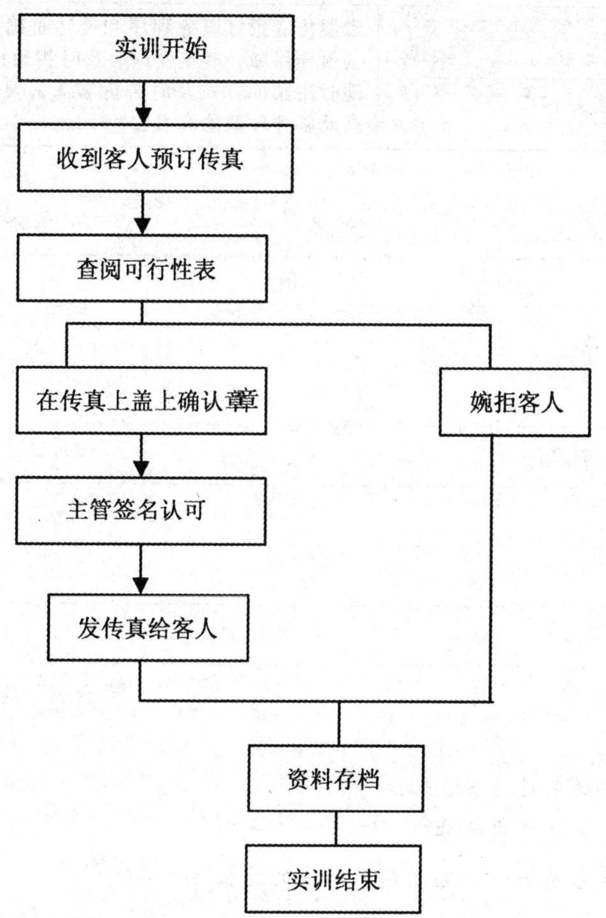

四、实训操作规范

步　骤	主要操作内容
接收传真	收到客人预订传真
查阅可行性表	收到预订传真后，必须迅速查看当日订房情况以确定是否受理
确认或婉拒客人	在传真上盖上确认章或婉拒客人
主管签名认可	送主管签名认可
回传真	将预订情况发传真给客人
资料存档	将资料存档，以备查

五、服务要点

服务要点	规范动作	原　因
受理与回复要求	收到预订传真后，首先应进行分类。必须迅速查看当日订房情况以确定是否受理。及时将预订情况发传真给客人	回复不及时和回复方式单一易造成延误

六、服务过程中容易出现的问题及解决途径

服务环节容易出现的问题	解 决 途 径
回复不及时，造成延误	掌握传真预订服务程序和技巧是确保该环节不出现问题的最佳保障。确定受理后及时将预订情况发传真给客人，同时用其他方式及时告诉客人。要严格要求和培训，提高此服务环节的有效性
回复方式单一，造成延误	

七、考核测试

组别：________ 姓名：________ 总分：________

项　目	分　数	扣　分
收到客人预订传真	15	
查阅可行性表	15	
在传真上盖上确认章或婉拒客人	30	
主管签名认可	15	
发传真给客人	15	
资料存档	10	

考核时间：　　年　　月　　日　　　　考评师（签名）：________

八、讨论题

1. 传真预订服务的关键是什么？
2. 传真预订服务的程序有哪些？
3. 传真预订服务容易出现哪些问题？解决的途径是什么？

实训项目六：计算机网络预订服务

一、实训安排

实训项目	计算机网络预订服务
实训时间	0.5 学时
实训目的	使学员掌握计算机网络预订服务的步骤和方法
实训要求	1. 态度热情友善，服务动作规范得体，语言应用得体 2. 记录准确，特殊要求特别记录
实训方法	先按 8 人一组由老师进行示范，然后按每 2 人一组进行实际操作

二、实训准备

模拟前厅一间，电脑、预订单、可行性表、预订控制架等。老师先进行示范讲解，后由学员模拟操作。

三、实训操作流程

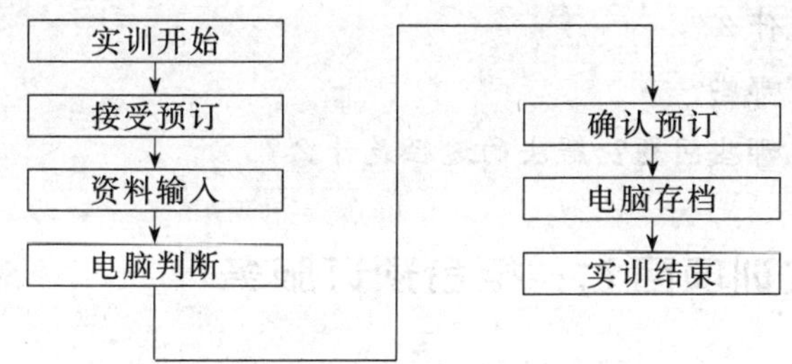

四、实训操作规范

步　　骤	主要操作内容
接受预订	客人免费给预订中心打电话预订，在美加地区统称800号码；预订中心通过电脑获悉各饭店的房间出租情况
将预订资料输入电脑	确认客人的预订请求，并将所有的预订内容输入电脑
电脑内部自动判断是否接受	电脑即将预订要求与客人所订抵店日期的可售房情况进行对照，并做出是否受理的判断
确认预订	打出预订确认单，将第一联邮给客人；预订确认单的第二联给客人所订的饭店，饭店根据客人的预订内容，为客人保留客房
电脑自动存档	电脑自动将资料存档，以备查

五、服务要点

服务要点	规　范　动　作	原　　因
预订资料输入要求	确认客人的预订请求，并将所有的预订内容输入电脑。打出预订确认单并仔细核对，确认无误后将第一联邮给客人，预订确认单的第二联给客人所订的饭店，饭店根据客人的预订内容，为客人保留客房	预订资料输入容易造成信息失误

六、服务过程中容易出现的问题及解决途径

服务环节容易出现的问题	解　决　途　径
预订资料输入电脑时信息失误	要严格要求和培训，提高此服务环节的有效性。打出预订确认单后再次仔细核对，确保信息无误

七、考核测试

组别：＿＿＿＿＿＿　　姓名：＿＿＿＿＿＿　　总分：＿＿＿＿＿＿

项　　目	分　　数	扣　　分
接受预订	25	
将预订资料输入电脑	30	
电脑内部自动判断是否接受	10	
确认预订	25	
电脑自动存档	10	

考核时间：　　　年　　月　　日　　　　　　考评师（签名）：＿＿＿＿＿＿

八、讨论题

1. 传真预订服务的关键是什么？
2. 传真预订服务的程序有哪些？
3. 传真预订服务容易出现哪些问题？解决的途径是什么？

实训项目七：柜台预订服务

一、实训安排

实训项目	柜台预订服务
实训时间	0.5 学时
实训目的	使学员掌握柜台预订服务的步骤和方法
实训要求	1. 态度热情友善，服务动作规范得体，语言应用得体 2. 记录准确，特殊要求特别记录
实训方法	先按 8 人一组由老师进行示范，然后按每 2 人一组进行实际操作

二、实训准备

模拟前厅一间，电脑、预订单、可行性表、预订控制架、房价表等。老师先进行示范讲解，后由学员模拟操作。

三、实训操作程序

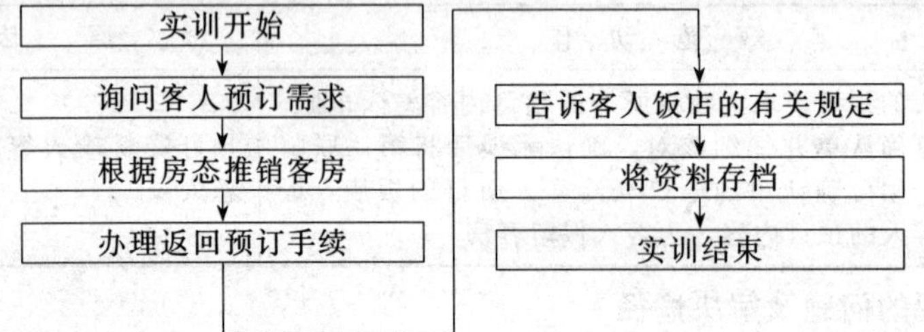

四、实训操作规范

步　骤	主要操作内容
询问客人预订需求	向客人问好；了解客人的订房需求，查看电脑订房状况；告诉客人饭店的有关规定
根据房态推销客房	根据房态推销客房，填写预订单，确认客人的抵店日期和时间，礼貌地告诉客人，如果没有明确的抵达时间或航班，饭店只能将房间保留到入住当天晚上 6 时，通常，如客人预订的抵达时间超过晚上 6 时，预订员应礼貌地请客人付定金
办理返回预订手续	办理返回预订手续；若饭店无法接受客人的预订，可请客人留下电话号码，以便有空房时及时通知客人；礼貌地向客人道别
将资料存档	将预订单存档，以备查

五、服务要点

服务要点	规　范　动　作	原　　因
销售客房要求	根据房态推销客房，填写预订单，确认客人的抵店日期和时间，礼貌地告诉客人，如果没有明确的抵达时间或航班，饭店只能将房间保留到入住当天晚上6时，通常，如客人预订的抵达时间超过晚上6时，预订员应礼貌地请客人付定金	确保饭店避免出现空留客房导致的损失
办理返回预订手续	办理返回预订手续；若饭店无法接受客人的预订，可请客人留下电话号码，以便有空房时及时通知客人；礼貌地向客人道别	保证饭店客房出租率

六、服务过程中容易出现的问题及解决途径

服务环节容易出现的问题	解　决　途　径
销售客房不主动，不推荐可替代客房	掌握柜台预订服务程序和技巧是确保该环节不出现问题的最佳保障。增强全员销售意识，培养潜在客源。严格要求和培训，提高此服务环节的有效性
若饭店无法接受客人的预订，不主动请客人留下电话号码，以便有空房时及时通知客人，忽视潜在客源的培育。	

七、考核测试

组别：＿＿＿＿＿＿　　姓名：＿＿＿＿＿＿　　总分：＿＿＿＿＿＿

项　　目	分　　数	扣　　分
询问客人预订需求	15	
根据房态推销客房	15	
办理返回预订手续	10	
告诉客人饭店的有关规定	25	
将资料存档	10	

考核时间：　　　年　　月　　日　　　　　　考评师（签名）：＿＿＿＿＿＿

八、讨论题

1. 预订的渠道、方式和种类有哪些？
2. 前厅部预订业务的主要内容有哪些？
3. 柜台预订服务的关键是什么？
4. 柜台预订服务的程序有哪些？
5. 柜台预订服务容易出现哪些问题？解决的途径是什么？

实训项目八：更改预订服务

一、实训安排

实训项目	更改预订服务
实训时间	0.5学时

续表

实训目的	使学员掌握更改预订服务的步骤和方法
实训要求	1. 态度热情友善，服务动作规范得体，语言应用得体 2. 记录准确，特殊要求特别记录
实训方法	先按 8 人一组由老师进行示范，然后按每 2 人一组进行实际操作

二、实训准备

模拟前厅一间，电脑、原始预订单或预订资料、更改印章、可行性表、预订控制架、预订变更单、更改确认函等。教师先进行示范讲解，后由学员模拟操作。

三、实训操作流程

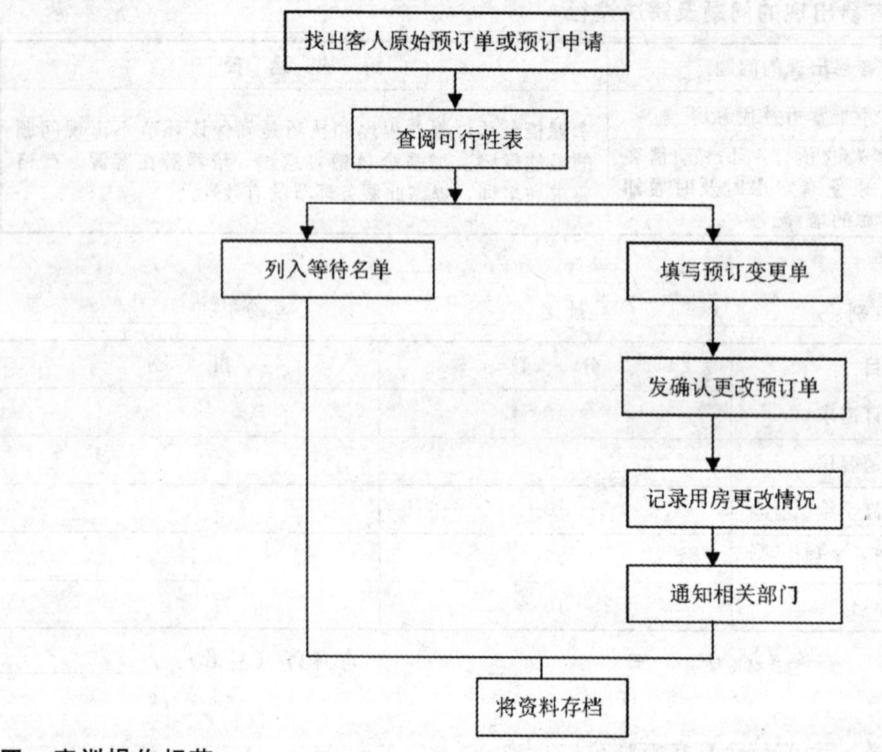

四、实训操作规范

步　　骤	主 要 操 作 内 容
找出客人原始预订单或预订申请	(1) 收到更改预订的函电后，要特别留意客人所要求更改的内容（客人姓名、人数、房间种类、房间数、房间价格、预期抵达和离店日期、飞机航班号、付费方式等），若电话接到修改预订通知时，除记录变更内容外，还应弄清来电人的姓名、电话号码、单位名称等，以便联系。(2) 找出客人原始预订单或预订申请
查阅可行性表	根据客人的更改要求，查阅预订总表和预订截止图表，以便决定是否可以确认客人的更改请求
列入等待名单	如果不能确认客人的更改请求，可以向客人建议将其列入“优先等待名单”

续表

步　骤	主要操作内容
填写预订变更单	如果可以确认客人的更改预订请求，填写预订变更单。使用计算机接受预订申请的饭店，如果客人要求更改预订，只要更改原预订即可
发确认更改预订回函	给客人发确认更改预订回函
记录用房变更情况	将变更的用房情况记录
通知相关部门	若预订的变更内容涉及一些原有的特殊安排，如定金、接机、水果、鲜花、房内布置等，则应尽快给相关部门发送预订变更单
将资料存档	将更改预订资料存档，以备查

五、服务要点

服务要点	规　范　动　作	原　因
更改预订要求	收到更改预订的函电后，要特别留意客人所要求更改的内容（客人姓名、人数、房间种类、房间数、房间价格、预期抵达和离店日期、飞机航班号、付费方式等），若电话接到修改预订通知时，除记录变更内容外，还应弄清来电人的姓名、电话号码、单位名称等，以便联系	更改内容容易不全面或不当
用房更改要求	将更改的用房情况记录，若变更内容涉及一些原有的特殊安排，如定金、接机、水果、鲜花、房内布置等，则应尽快给相关部门发送预订更改	更改的内容较多且涉及多部门，更改信息容易丢失或不当

六、服务过程中容易出现的问题及解决途径

服务环节容易出现的问题	解　决　途　径
客人更改内容记录不全或不当	掌握更改预订服务程序和技巧是确保该环节不出现问题的最佳保障。增强全员销售意识，培养潜在客源。严格要求和培训，提高此服务环节的有效性
更改的内容较多且涉及多部门，更改信息容易丢失或不当	
不积极推荐可替代产品	

七、考核测试

组别：__________　姓名：__________　总分：__________

项　目	分　数	扣　分
找出客人原始预订单或预订申请	10	
查阅可行性表	10	
列入等待名单	10	
填写预订变更单	15	
发确认更改预订回函	15	
记录用房更改情况	15	
通知相关部门	15	
将资料存档	10	

考核时间：　　年　　月　　日　　　　考评师（签名）：__________

八、讨论题

1. 更改预订服务的关键是什么？
2. 更改预订服务的程序有哪些？
3. 更改预订服务容易出现哪些问题？解决的途径是什么？

实训项目九：取消预订服务

一、实训安排

实训项目	取消预订服务
实训时间	0.5 学时
实训目的	使学员掌握取消预订服务的步骤和方法
实训要求	1. 态度热情友善，服务动作规范得体，语言应用得体 2. 记录准确，特殊要求特别记录
实训方法	先按 8 人一组由老师进行示范，然后按每 2 人一组进行实际操作

二、实训准备

模拟前厅一间，电脑、原始预订单或预订资料、取消印章、可行性表、预订控制架、取消确认函等。老师先进行示范讲解，后由学员模拟操作。

三、实训操作流程

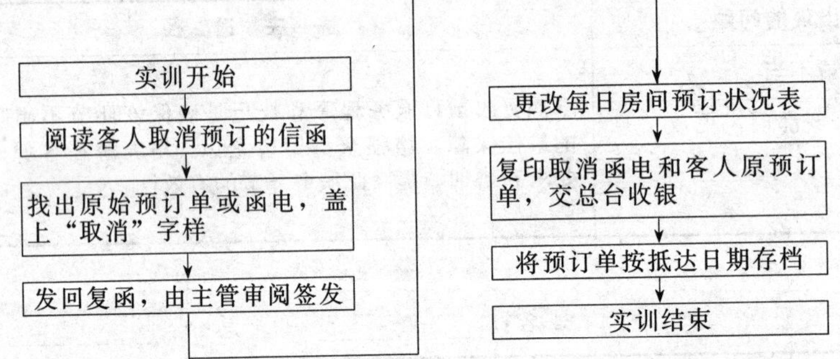

四、实训操作规范

步　骤	主要操作内容
阅读客人取消预订的信函	认真阅读取消预订的电函，确保信息准确。如果是口头或电话取消预订，一定要记录取消预订人的姓名、联系电话或单位地址，最好请对方提供书面证明，做到有据可查
找出原始预订单或函电，盖上“取消”字样	找出原始预订单或函电，分别盖上“取消”字样，以备查
发回复函	发回复函，由预订部经理或主管审阅签发
更改每日房间预订状况表	认真更改“每日房间预订状况表”
复印取消函电和客人原预订单，交总台收银	复印客人取消预订函电和客人原预订单，交总台收银台，按协议退还定金和预付的房费，或收取消费
将预订单按抵达日期存档	将盖有“取消”字样的预订单按原抵达日期放入预订夹存档

五、服务要点

服务要点	规范动作	原因
取消预订要求	认真阅读取消预订的电函，确保信息准确。如果是口头或电话取消预订，一定要记录取消预订人的姓名、联系电话或单位地址，最好请对方提供书面证明，做到有据可查	认真听取和分析客人取消预订的原因，做好客源稳定工作
确认取消预订要求	复印客人取消预订函电和客人原预订单，交总台收银台，按协议退还定金和预付的房费，或收取消费，维护饭店利益	按要求维护饭店利益或客人利益

六、服务过程中容易出现的问题及解决途径

服务环节容易出现的问题	解决途径
不能认真听取和分析客人取消预订的原因，进一步做好客源稳定工作	掌握取消预订服务程序和技巧是确保该环节不出现问题的最佳保障。按要求正确维护饭店利益或客人利益，培养潜在客源。严格要求和培训，提高此服务环节的有效性
确认取消预订时不能正确维护饭店利益或客人利益	

七、考核测试

组别：________ 姓名：________ 总分：________

项目	分数	扣分
阅读客人取消预订的信函	15	
找出原始预订单或函电，盖上“取消”字样	15	
发回复函，由主管审阅签发	20	
更改每日房间预订状况表	20	
复印取消函电和客人原预订单，交总台收银	20	
将预订单按抵达日期存档	10	

考核时间： 年 月 日 考评师（签名）：________

八、讨论题

1. 取消预订服务的关键是什么？
2. 取消预订服务的程序有哪些？
3. 取消预订服务容易出现哪些问题？解决的途径是什么？

实训项目十：婉拒预订服务

一、实训安排

实训项目	婉拒预订服务
实训时间	0.5 学时
实训目的	使学员掌握婉拒预订服务的步骤和方法

续表

实训要求	1. 态度热情友善，服务动作规范得体，语言应用得体 2. 记录准确，特殊要求特别记录
实训方法	先按 8 人一组由老师进行示范，然后按每 2 人一组进行实际操作

二、实训准备

模拟前厅一间，电脑、可行性表、预订控制架、信封、信纸、邮票等。老师先进行示范讲解，后由学员模拟操作。

三、实训操作流程

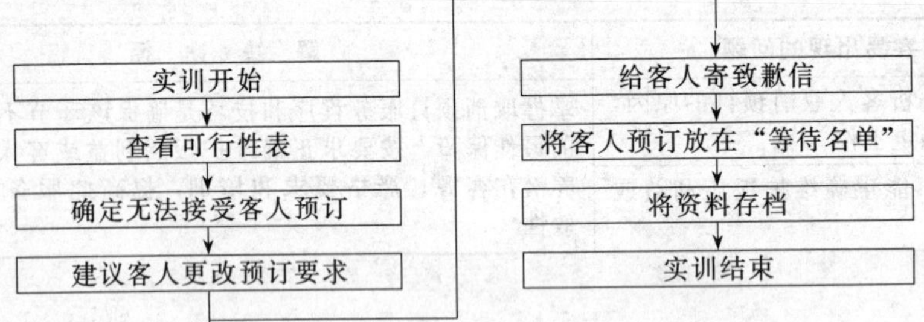

四、实训操作规范

步　骤	主要操作内容
查　看	查看可行性表，确认预订日期订房情况
确　认	确定无法接受客人预订，必须准确认定无法受理预订
婉　拒	建议客人更改预订要求，婉拒时，可向客人提出建议或提供其他饭店的信息
致　歉	给客人寄致歉信，不能受理客人预订时，必须向客人致歉
将客人预订放在“等待名单”	将客人预订放在“等待名单”；并登记来电人的姓名、电话号码、单位名称等，以便能预订时联系客人
存　档	将资料存档备查

五、服务要点

服务要点	规范动作	原　因
婉拒要求	准确认定无法受理客人预订时，应主动建议客人更改预订要求，婉拒时，可向客人提出建议或提供其他饭店的信息	不主动建议易造成客源流失
致歉要求	确认不能受理预订时，必须向客人致歉。将客人预订放在“等待名单”；并登记来电人的姓名、电话号码、单位名称等，以便能预订时联系客人	不登记来电人的姓名、电话等，能预订时联系不上客人

六、服务过程中容易出现的问题及解决途径

服务环节容易出现的问题	解 决 途 径
确认不能受理预订时不向客人致歉	掌握婉拒预订服务程序和技巧是确保该环节不出现问题的最佳保障。主动建议客人更改预订要求。将客人预订放在“等待名单”并登记来电人的姓名、电话号码、单位名称等。严格要求和培训，提高此服务环节的有效性
不主动建议客人更改预订要求	
不将客人预订放在“等待名单”	
不登记来电人的姓名、电话号码、单位名称等，能预订时联系不上客人	

七、考核测试

组别：________　　姓名：________　　总分：________

项 目	分 数	扣 分
查看可行性表	15	
确定无法接受客人预订	15	
建议客人更改预订要求	30	
给客人寄致歉信	10	
将客人预订放在“等待名单”	20	
将资料存档	10	

考核时间：　　年　　月　　日　　　　考评师（签名）：________

八、讨论题

1. 婉拒预订服务的关键是什么？

2. 婉拒预订服务的程序有哪些？

3. 婉拒预订服务容易出现哪些问题？解决的途径是什么？

实训项目十一：控制预订服务

一、实训安排

实训项目	控制预订服务
实训时间	0.5 学时
实训目的	使学员掌握控制预订服务的步骤和方法
实训要求	1. 态度热情友善，服务动作规范得体，语言应用得体 2. 记录准确，特殊要求特别记录
实训方法	先按 8 人一组由老师进行示范，然后按每 2 人一组进行实际操作

二、实训准备

模拟前厅一间，电脑、各种预订表格、预订控制架、墙面图表、预订控制总目录等（依饭店的具体控制手段而定）。老师先进行示范讲解，后由学员模拟操作。

三、实训操作流程

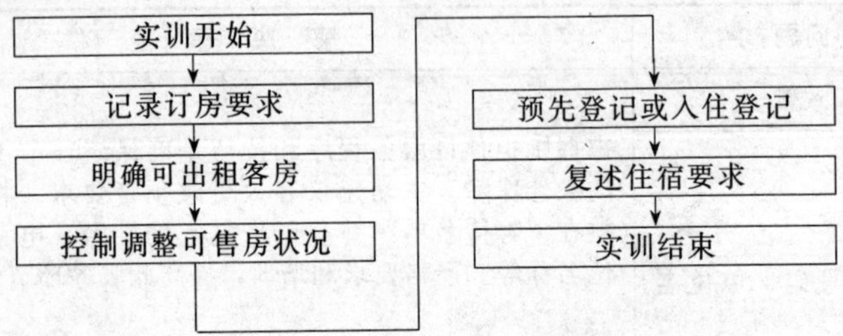

四、实训操作规范

步　骤	主要操作内容
记录订房要求	客人的订房要求，主要包括客房种类、用房数量、抵离日期、住店夜次等。通过记录查看可售房状况，以满足客人的要求，使客房供需达到平衡
明确可出租客房	根据客人的订房要求查看可出租客房状况，从而决定受理或婉拒。一旦被受理，有关客房将被控制或确认
控制调整可售房状况	对客房的预留、确认，必然会导致未来一段时间可售房状况的变化，因此应及时告诉并加以控制。事实上，预留房肯定能够售出而不再接受订房，就难免不受损失。因此，应该正确统计出预订但未抵店（no-show）用房的百分比，并以此为依据受理部分超额订房。但在超豪华饭店内，通常不予考虑接受超额房订房
预先登记或入住登记	预先登记或入住登记，是为了提供最新而准确的客房使用状况。入住登记分房时，接待员需依据客房状况显示报告做出决定，且应尽量缩短入住登记时间，尤其对于团队、会议客人
复述住宿要求	排房前，接待员应重复客人的住宿要求，避免因分房不当而引起客人换房所带来的麻烦
分析客房状况	瞬间的或短期的客房状况，是通过分析客房状况显示架和客房部的客房状况报表反映出来的。接待员应首先查找到客人所需的房间种类，然后再满足客人的一些特殊要求（如床具特殊家具等）
排房、定价	将可售房分配给客人，并确认一个双方认可的房价，以建立客人的账户。具体排房时，客人的要求与接待员的决定往往有所不同，这是因为，饭店在排房时，通常希望平均使用客房，以使房间新旧程度保持均匀，不至于造成一部分客房很快损坏

五、服务要点

服务要点	规　范　动　作	原　因
控制预订要求	根据客人的订房要求，对客房的预留、确认，必然会导致未来一段时间可售房状况的变化，因此应及时告诉并加以控制。事实上，预留房肯定能够售出而不再接受订房，就难免不受损失。因此，应该正确统计出预订但未抵店（no-show）用房的百分比，并以此为依据受理部分超额订房。但在超豪华饭店内，通常不予考虑接受超额房订房	预留房控制不当会造成饭店利益受损失
排房和定价要求	将可售房分配给客人，并确认一个双方认可的房价，以建立客人的账户。具体排房时，客人的要求与接待员的决定往往有所不同，这是因为，饭店在排房时，通常希望平均使用客房，以使房间新旧程度保持均匀，不至于造成一部分客房很快损坏	排房和定价不当会造成饭店和房客间的矛盾或饭店利益受损失

六、服务过程中容易出现的问题及解决途径

服务环节容易出现的问题	解 决 途 径
预留房控制不当	掌握控制预订服务程序和技巧是确保该环节不出现问题的最佳保障。严格要求和培训，提高此服务环节的有效性
超额房订房不当	
排房和定价不当	

七、考核测试

组别：＿＿＿＿　姓名：＿＿＿＿　总分：＿＿＿＿

项　目	分　数	扣　分
记录订房要求	20	
明确可出租客房	20	
控制调整可售房状况	20	
预先登记或入住登记	20	
复述住宿要求	20	

考核时间：　　年　　月　　日　　　考评师（签名）：＿＿＿＿

八、讨论题

1. 简述超额预订及其处理方法。
2. 通过直接渠道订房的方式有哪几种？
3. 饭店可以通过哪些快捷渠道开展订房业务？
4. 什么是保证预订和确认预订？
5. 做好超额预订的关键在哪里？
6. 什么是收益管理？

附：本章主要表格

附一：预订的控制技巧

控制方法	具 体 操 作
预订控制总目录	通常是一本三环活页装订并有一种标签，对一年内的365天每天都要实行客房预订、客房占用以及空房等数字相吻合的小牌显示每页上，饭店的客房或者套房都要分成各种类别，每个种类的客房或者套房都要标出数字。当从中央预订系统中心收到一位未来客人的预订或直接给饭店来电话或信件预订，就要在客人预订要求的特指客房种类上标注上一个×记号（用铅笔），同时要在预订到达的日期与预订要求的客房类别上划上×的记号。假如这项预订要求超过一天，那么要在下一页的下一天标注上×记号，以表示这个房间要住两天或称两个晚上

续表

控制方法	具体操作
墙面图表	饭店工作人员沿墙面图表的左侧标出所有的客房房间号码，房间号码要用不同的颜色标出，以便显示不同的房间类别。在图表上检查或标出客人所需的房间号码是否可以提供。假若客人的预订要求房间可以提供，那么预订人员就可以分配给预订客人一个具体的所需客房，同时要在所需的客房房间号码的右侧贴上一张自动粘贴胶带，并在胶带上面附上预订客人的姓名、到达的日期及离店日期等。一旦所有的预订要求均以图表表示出来后，余下的提供出租的空房及其所在日期都显而易见了。当预订要求有所变化，预订人员可以轻而易举交带，同时移到新变化的位置上去
预订截止图表	预订截止图表总结了客房预订汇总表上各类客房预订的情况，用醒目的符号提示预订员，以便预订员能迅速做出接受预订还是婉拒预订的判断。预订截止图表只能作为一个辅助表格
电脑系统控制	电脑系统可以随时记录客房预订的情况，一旦每类的客房总数或套间总数全部出租或预订以后，电脑系统就拒绝再接受任何的未来预订

附二：前厅预订质量检查评分细则

前厅预订有 9 项检查内容，共 100 分，各项评分细则掌握如下

	细则	评分（分）	检查结果
预订人员（10分）	熟悉客房类型与设施： 客房类型、设施、价格等十分熟悉 有个别不熟悉 有明显不熟悉现象 不熟悉，预订中现查现找甚至出错	2 1.8—2 1.4—1.7 0.8—1.3 0.7 以下	
	熟悉客房预订可行性： 每天对可以预订的客房类型、等级、价格、时限等十分熟悉 有个别不熟不够 部分客房明显不熟悉 基本不熟悉，现查现找	2 1.8—2 1.4—1.7 0.8—1.3 0.7 以下	
	掌握预订工作内容： 完全掌握 有个别不熟悉 基本掌握 不熟悉，内容生疏	2 1.8—2 1.4—1.7 0.8—1.3 0.7 以下	
	熟悉预订程序： 各类预订的先后步骤十分熟悉 有个别步骤不熟悉 明显不够熟悉 基本不掌握	2 1.8—2 1.4—1.7 0.8—1.3 0.7 以下	
	掌握设备操作技术： 电脑操作、打字、复印等操作技术熟练 有一项不足 有一项明显不掌握 基本不掌握，操作生疏	2 1.8—2 1.4—1.7 0.8—1.3 0.7 以下	

续表

	细　　则	评分（分）	检查结果
预订的准备工作（4分）	预订可行性准备： 每天制定出预订可行性表格，对可预订的客房一目了然 有个别不准确 有明显不准确 可行性准备较差，心中无数，影响预订	2 1.8—2 1.3—1.7 0.7—1.2 0.6 以下	
	资料用品准备： 准备齐全，无任何差错 有个别不足 有明显不足 准备工作较差，资料不全	2 1.8—2 1.3—1.7 0.7—1.2 0.6 以下	
受理预订（18分）	预订申请掌握： 客人预订，客人姓名、预订时间、人数、房间数，迁入迁出时间、航班等掌握具体明确，做好记录 有个别时候掌握不全 基本掌握，不准确时核对 预订申请情况掌握较差，接受预订不准备	2 1.8—2 1.3—1.7 0.7—1.2 0.6 以下	
	函电预订分类： 电报、电传、信函、传真等预订按照预订部要求，分类准确，时间顺序清楚，请示主管及时 有个别不足 有个别明显出错，影响预订 有严重不足，差错较多	2 1.8—2 1.3—1.7 0.7—1.2 0.6 以下	
	函电预订答复： 预订需求明确，复函文字简练，答复准确及时 有个别复函不准 有明显不准确 复函效果较差，不能满足客人需求，回答不清	2 1.8—2 1.3—1.7 0.7—1.2 0.6 以下	
	柜台预订答复： 接待主动热情，预订需求明确，答复准确及时 有个别不足 有明显不准确及时 柜台预订接待较差，答复差错多	2 1.8—2 1.3—1.7 0.7—1.2 0.6 以下	
	电话预订答复： 3 响内接听，态度热情，客人需求明确，答复准确无误 有个别不足 有明显不准确及时 电话预订接听较差，错误率高	2 1.8—2 1.3—1.7 0.7—1.2 0.6 以下	
	预订报价： 报价准确清楚，执行饭店价格政策，适应市场变化 有个别不准 基本准确及时，差错少 随意报价，违背饭店政策	2 1.8—2 1.3—1.7 0.7—1.2 0.6 以下	

续表

	细　则	评分（分）	检查结果
受理预订（18分）	预订单填写：	2	
	内容全面，填写清楚准确，规范无差错	1.8—2	
	有个别不足	1.3—1.7	
	有明显不足	0.7—1.2	
	订单填写不清，差错多	0.6 以下	
	预订手续完善程度：	2	
	订单、资料、表格、操作手续完善，清楚准确	1.8—2	
	有个别不清楚	1.3—1.7	
	有明显不够完善之处	0.7—1.2	
	手续不完善，影响预订业务开展	0.6 以下	
	预订信息处理：	2	
	预订申请记录、订单、复函等信息分类存放，整齐，取用方便	1.8—2	
	有个别不足	1.3—1.7	
	有明显不足之处	0.7—1.2	
	信息处理较差	0.6 以下	
预订承诺（6分）	预订承诺书填写：	2	
	格式统一，内容全面，填写清楚准确，文字规范	1.8—2	
	有个别项目不清	1.3—1.7	
	有明显不准确	0.7—1.2	
	预订承诺书填写较差，影响客人需求	0.6 以下	
	预订承诺书签发：	2	
	主管审查，签发人签字适当，发出及时	1.8—2	
	有个别签发不规范	1.3—1.7	
	基本准确及时	0.7—1.2	
	普遍较差，影响客人需求	0.6 以下	
	承诺有无差错：	2	
	所有承诺准确无误	1.8—2	
	有个别差错	1.3—1.7	
	有明显差错引起客人投诉	0.7—1.2	
	差错较多，影响预订	0.6 以下	
预订信息资料处理（15分）	电脑信息输入：	2	
	操作规范、输入准确及时，遵守电脑操作程序	1.8—2	
	有个别不准	1.3—1.7	
	个别项目有明显差错	0.7—1.2	
	操作不规范，差错较多	0.6 以下	
	控制盘信息处理：	3	
	现住房、已预订、取消、更改等信息处理准确，控制盘各类信息显示清楚	2.8—3	
	有个别处理不当	1.7—2.7	
	有的信息明显处理不当	1—1.6	
	信息处理差，影响出租需要	0.9 以下	
	其他方法处理：	3	
	采用手工、日记簿等方式，信息处理准确，适应工作需要	2.8—3	
	有个别处理不准	1.7—2.7	
	信息处理一般，差错较少	1—1.6	
	处理混乱，影响预订和出租	0.9 以下	

续表

	细　　则	评分（分）	检查结果
预订信息资料处理（15分）	更改、取消处理： 接到客人预订、更改、取消，按客人要求和饭店可能处理准确及时，适应客人需要 处理有个别不准 处理有明显不足 更改、取消处理较差，引起混乱，影响客人需求	3 2.8—3 1.7—2.7 1—1.6 0.9以下	
	能否保证延续预订： 所有预订信息、资料、客房预订变化情况清楚、准确，保证客房延续预订需要 有个别时候情况不准 有少量情况不清 资料处理较差，影响延续预订的准确性	3 2.8—3 1.7—2.7 1—1.6 0.9以下	
客人订房核对（15分）	核对次数： 一般情况核对3次以上 有个别核对次数不足 有部分核对次数不够 不按要求次数核对	4 3.5—4 3—3.4 2.5—2.9 2.4以下	
	核对时间： 每次核对时间符合要求 个别时候核对不按时间要求 常有核对时间不合要求 不按时间要求，核对较差，影响出租和客人预订要求	4 3.5—4 3—3.4 2.5—2.9 2.4以下	
	核对中的更改与取消处理： 评分细则与预订更改、取消处理相同。分数段同核对次数	4	
	核对有无差错： 核对后的客房预订无差错 有个别差错 有个别明显差错 核对后的客房预订差错较多，不准确，影响出租和预订	4 3.5—4 3—3.4 2.5—2.9 2.4以下	
预订与柜台接待衔接（8分）	客人预期抵店名单打印： 每日打印出客人预期抵店名单，内容准确，分送柜台与有关部门及时 有个别不足 有明显不足 此项工作较差，影响柜台接待准备	2 1.8—2 1.3—1.7 0.7—1.2 0.6以下	
	柜台接待资料齐全： 预订资料、VIP名单、离店分析等及时输入电脑或打印成表格，柜台及时掌握 有个别不足 有明显资料不全 有严重不足，影响接待需要	2 1.8—2 1.3—1.7 0.7—1.2 0.6以下	
	需封定的房间准确： 预订中封定的房间、特别是VIP客人房间准确无误 有个别封定房间不准确 有明显差错，及时调整 普遍较差，影响客人需要	2 1.8—2 1.3—1.7 0.7—1.2 0.6以下	

续表

	细 则	评分（分）	检查结果
预订与柜台接待衔接（8分）	预订与接待协调： 预订房间、现住房间、离店房间准确，周转协调一致 有个别房间不准确 有明显不协调，现作调整 严重不足，引起出租混乱，客人投诉	2 1.8—2 1.3—1.7 0.7—1.2 0.6 以下	
预订报表制作与运用（15分）	计算机打印报表： 各种预订报表计算机控制，打印准确及时 有个别不足 有明显不准确及时 操作能力差，经常出错	3 2.8—3 1.7—2.7 1—1.6 0.9 以下	
	控制盘方式打印： 预订报表采用控制盘方式统计打印，准确及时 有个别差错 有明显不准确 差错较多，打印不及时	3 2.8—3 1.7—2.7 1—1.6 0.9 以下	
	其他预订方式报表： 手工方式统计、表格齐全、打印及时 有个别不准确及时 有明显差错，能及时纠正 差错较多，影响出租	3 2.8—3 1.7—2.7 1—1.6 0.9 以下	
	报表分发及时： 分送柜台、客房及有关部门及时 有个别不及时 有明显不及时 普遍较差	3 2.8—3 1.7—2.7 1—1.6 0.9 以下	
	提供决策依据： 预订能为客房销售、前厅接待、客房清扫准确提供依据 有个别时候不准确 有明显不足 普遍较差，影响决策	3 2.8—3 1.7—2.7 1—1.6 0.9 以下	
超额订房（9分）	超额数量掌握： 掌握超订数量准确 超订数量比较准确 基本准确 基本不准确	2 1.8—2 1.3—1.7 0.7—1.2 0.6 以下	
	遵守超订程序与做记录： 严格遵守，记录准确 有个别不足 明显遵守不够 普遍较差	2 1.8—2 1.3—1.7 0.7—1.2 0.6 以下	
	超订客人住房： 超订客人到店保证住上超订房间 超订客人到店能够有房间可住 超订客人到店暂时无房，能尽力帮助解决，基本无纠纷 客人无房引起纠纷	3 2.8—3 1.7—2.7 1—1.6 0.9 以下	

续表

	细 则	评分（分）	检查结果
超额订房（9分）	超订纠纷处理： 极少纠纷，处理令客人满意 能正确对待，处理较好 纠纷处理一般，部分客人有意见 纠纷较多，处理效果差	2 1.8—2 1.3—1.7 0.7—1.2 0.6 以下	

实训人员姓名：____________

考核者签名：____________

考核时间：_____年_____月_____日

附三：

预 定 单

RESERVATION FORM

FAX NO.

□NEW BOOKING 新预定 □AMENDMENTS 更改 □ON WAITING LIST 等待

□CANCELLATION 取消

客人姓名 GUESTS NAME	房间数量 NO. OF ROOMS	房间种类 ROOM TYPE	客人数量 NO. OF GUESTS	房价 RATE	公司名称 COMPANY NAME

ORIGINAL ARRIVAL DATE 预订到店时间：____ ORIGINAL DEPARTURE DATE 原定离店时间：____

NEW ARRIVAL DATE 新到店时间：____ NEW DEPARTURE DATE 新离店时间：____

ARRIVAL FLIGHT 到店航班：____ DEPARTURE FLIGHT 离店航班：____

BILLINGS 付款方式：□ ALLC 全付 □ POA 自付 □ ROOM ONLY 只付房费

□RMABF 房费含早餐 □ TLX/FAX/LTR/ATTI 已到电传/传真/信件

REMARKS 备注：

CONTACT NAME 联系人姓名：____ COMPANY NAME 公司名称：____

TELEPHONE NUMBER 电话号码：____ FAX/TELEX NUMBER 传真号码：____

TAKEN BY 预订人：____

DATE TAKEN 预订日期：____CEM＃____

团队预定单

GROUP BOOKING FORM

□BOOKING/TENTATIVE 新预定/暂定 □AMENDMENTS 更改 □CONFIRMATION 确认

□CANCELLATION 取消

NAME OF GROUP 团队名称

ARRIVAL DATE 入店日期	DEPARTURE DATE 离店日期	SINGLE 单人间		TWIN 双人间		GUIDE ROOM 陪同间		SUITE 套间	
		NUMBER OF ROOMS 房数	RATE 房价	NUMBER OF ROOMS 房数	RATE 房价	NUMBER OF BEDS 床数	RATE 房价	NUMBER OF ROOMS 房数	RATE 房价

COMPLIMENTARY ROOMS 免费房：________

DEPOSIT 押金：________

ROOM RATES SUBJECT TO 15%SURCHARGE 房价不含 15%服务费

ROOM RATES INCLUSIVE OF 15%SURCHARGE 房价包括 15%服务费

COMMISSIONABLE 回扣 □10% □NON-COMMISSION 无回扣

MEAL REQUESTS 用餐情况							
ORIGNTAL 中式早餐							
CONTINENTAL 欧陆式早餐							
AMERICAN 美式早餐							

MEAL RATES SUBJECT TO 15%SURCHARGE 餐费不含 15%服务费

MEAL RATES INCLUSIVE OF 15%SURCHARGE 餐费包括 15%服务费

CHARGE TO 付款人：________

REMARKS 备注：________

SALES PERSON 销售人员：________ DATE 日期：________

信函订房

国际旅行社
INTERNATIONAL TRAVEL SERVICE
饭店（HOTEL）：________ 日期（DATE）：________
兹预订（ROOM RESERVATIONS REQUEST）：
旅客姓名（TOUR PARTY）：________ 人数（PERSONS）：________
房间类型（ROOM TYPE）：________ 房间数（ROOMS）：________
到达日期（ARRIVING）：________
离店日期（DEPARTING）：________
住几夜（NIGHTS）________
备注（REMARKS）：________
上述房间落实情况（CONFIRMED BY）：________
日期（DATE）：

预订确认函

<table>
<tr><td>××饭店
地址：________
电话：________
您对______________________________
的预订已被确认</td><td>客房类型、数量：________
预订日期：________抵达日期：________
抵达时间：________逗留天数：________
离店日期：________结账方式：________
订　　金：________客户地址：________
客户姓名：________电　　话：________</td></tr>
<tr><td colspan="2">本饭店愉快地确认了您的订房。未付订金或无担保的订房恕只保留到下午6时</td></tr>
</table>

预订变更单

<table>
<tr><td>姓　　名：________　　预订编号：________
地　　址：________　　电　　话：________
公　　司：________　　联 系 人：________
更改日期：________　　到达日期：________
过 夜 数：________　　离店日期：________
人　　数：________
预订客房类型及数量：________　　每夜房费：________美元
需付订金：________美元
应付日期：________　　收到日期：________
结账方式：________
备注：</td></tr>
<tr><td>原预订编号：________　　原抵达日期：________　　原房价：________</td></tr>
</table>

附四：

核对预订（Reconfirming）

有些客人提前很长时间就预订了客房，在入住前的这段时间内，有的客人可能会因种种原因而取消预订或更改预订。为了提高预订的准确性和饭店的开房率，并做好接待准备，在客人到店前（尤其是旅游旺季），预订人员要通过书信或电话等方式与客人进行多次核对（即，再确认），问清客人是否能够如期抵店？住宿人数、时间和要求等是否有变化？

核对工作通常要进行3次，第一次是客人预订抵店前一个月进行，具体操作是由预订部文员每天核对下月同一天到店的客人或订房人；第二次核对是在客人抵店前一周进行；第三次则是在客人抵店前一天进行。在核对预订时，如果发现客人有取消或更改订房，则要及时修改预订记录，并迅速做好取消或更改承订后闲置客房的补充预订。如果变更或取消预订是在预计抵店前一天进行的，补充预订已来不及，则要迅速将更改情况通知前台接待处，以便及时出租给其他未预订而来店的“散客”（Walk-in Guest）。

以上是针对散客预订而言，对于大型团体客人而言，核对工作还要更加细致，次数更多，以免因团队临时取消或更改订房后，造成大量客房闲置，使饭店蒙受重大经济损失。

超额预订（Overbooking）

（一）超额预订及其处理

超额预订是指饭店在一定时期内，有意识地使其所接受的客房预订数据超过其客房接待能力的一种预订现象，其目的是充分利用饭店客房，提高开房率。

由于种种原因，客人可能会临时取消预订，或出“No Show”现象，或提前离店，或临时改变预订要求，从而可能造成饭店部分客房的闲置，迫使饭店进行超额预订，以减少损失。

超额预订应该有个“度”的限制，以免出现因“过度超额”而不能使客人入住，或“超额不足”而使部分客房闲置。通常，饭店接受超额预订的比例应控制在10%～20%之间，具体而言，各饭店根据各自的实际情况，合理掌握超额预订的“度”。

对于超额预订，从实践上虽然是可以理解的，但从法律意义上讲，则是违法的，因为饭店接受了客人的预订，就意味着在饭店与客人之间确立了关于客房出租的某种合同关系，而饭店进行超额预订，势必因此而在某个时间，使某个或某些客人不能按“合同”约定的条件（预订要求）入住，这就相当于饭店单方面撕毁合同，因此，客人有权利进行起诉。对此，饭店经营者应当有个清醒的认识，对于因超额预订而不能入住的客人，应该妥善处理。

如果因超额而不能使客人入住，按照国际惯例，饭店方面应该：

1. 诚恳地向客人道歉，请求客人谅解。

2. 立即与另一家相同等级的饭店联系，请求援助。同时，派车将客人免费送往这家饭店。如果找不到相同等级的饭店，可安排客人住在另一家级别稍高一点的饭店，高出的房费由本饭店支付。

3. 如属连住，则店内一有空房，在客人愿意的情况下，再把客人接回来，并对其表示欢迎（可由大堂副理出面迎接，或在客房内摆放花束等）。

4. 对提供了援助的饭店表示感谢。

如客人属于保证类预订，则除了采取以上措施以外，还应视具体情况，为客人提供以下帮助：

(1) 支付其在其他饭店住宿期间的第一夜房费，或客人搬回饭店后可享受一天免费房的待遇。

(2) 免费为客人提供一次长途电话费或电传费，以便客人能够将临时改变地址的情况通知有关方面。

(3) 次日排房时，首先考虑此类客人的用房安排。大堂副理应在大堂迎候客人，并陪同客人办理入住手续。

（二）超额预订数的确定

超额预订数要受预订取消率、预订而未到客人之比率、提前退房率以及延期住店率等因素的影响。它们之间存在如下关系式：

超额预订房数＝预计临时取消预订房数＋预计预订而未到客人房数＋预计提前退房房数－延期住店房数

＝饭店应该接受当日预订房数×预订取消率＋饭店应该接受当日预订房数×预订而未到率×续住房数×提前退房率－预期离店房数×延期住店率

假设，X＝超额预订房数；A＝饭店客房总数；C＝续住房数；r_1＝预订取消率；r_2＝预订而未到率；D＝预期离店房数；f_1＝提前退房率；f_2＝延期住店率，则：

$$X=(A-C+X)\cdot r_1+(A-C+X)\cdot r_2+C\cdot f_1-D\cdot f_2$$

$$X=[C\cdot f_1-D\cdot f_2+(A-C)(r_1+r_2)]/1-(r_1+r_2)$$

设超额预订率为 R,则

$$R=X/(A-C)\times 100\%$$

$$=[C\cdot f_1-D\cdot f_2+(A-C)(r_1+r_2)]/(A-C)[1-(r_1+r_2)]\times 100\%$$

第三章　前厅接待业务实训

前厅部的接待工作是对客服务全过程的一个关键阶段，这一阶段的工作效果将直接影响到前厅销售客房、提供信息、协调对客服务、建立客账与客史档案等各项功能的发挥。

通过本章学习和实训，了解前厅接待工作的内容及其相关关系；掌握客人入住登记的填写内容和要领；熟悉和掌握散客接待、团队接待、重要客人接待、常住客人接待、行政楼层接待的服务内容和服务技巧；熟悉"开房后离店"业务处理的程序和方法；熟悉"未抵达"业务处理的程序和方法；熟练掌握前厅接待业务技巧。

第一节　前厅接待业务实训项目安排

前厅接待业务实训业务项目包括填写入住登记表、散客接待（包括对客销售技巧培训）、团队接待、重要客人接待、常住客人接待、行政楼层接待、"开房后离店"业务处理和"未抵达"业务处理等，总实训时间为13.5学时。

实训项目	实 训 内 容	实训时间	备 注
实训项目十二	填写入住登记表	0.5学时	接待考核时间按每人20分钟计算，总考核时间依具体参加实训人数计算
实训项目十三	散客接待服务（包括对客销售技巧培训）	3学时	
实训项目十四	团队接待服务	3学时	
实训项目十五	重要客人接待服务	2学时	
实训项目十六	常住客人接待服务	2学时	
实训项目十七	行政楼层接待服务	2学时	
实训项目十八	"开房后离店"业务处理	0.5学时	
实训项目十九	"未抵达"业务处理	0.5学时	
总实训时间		13.5学时	

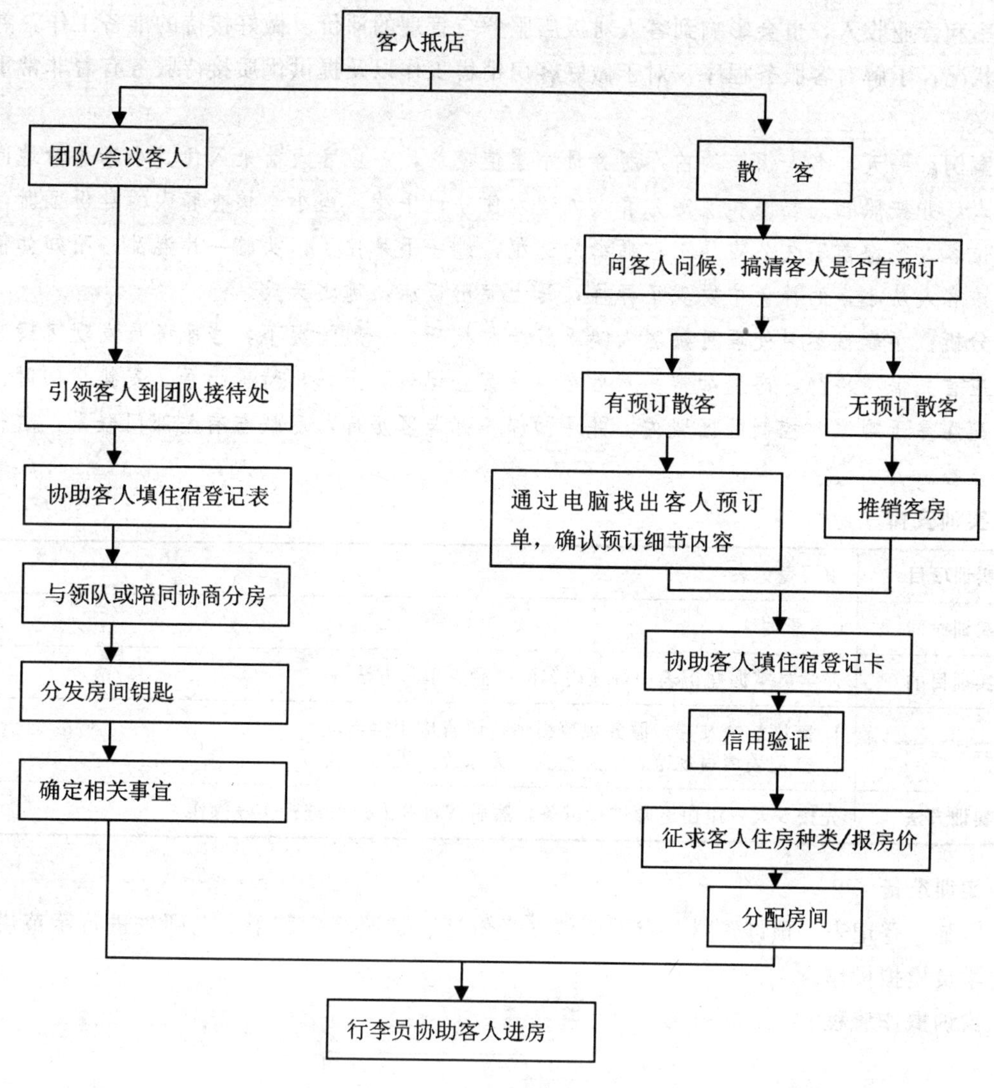

图 3－1　前厅接待工作程序图

第二节　前厅接待业务实训项目

前厅的接待服务中，填写入住登记表是重要的环节。但针对散客、团队客人、常住客人及 VIP 客人，提供的服务不尽相同。同时，针对客人的不同需求以及出现的不同情况，服务员也必须要掌握行政楼层接待要领，“开房后离店”的业务处理要领以及“未抵达”类业务的处理要领。

实训项目十二：填写入住登记表

入住登记是对客服务全过程的一个关键阶段，前厅接待工作的好坏，会直接影响客房的出租率和营业收入，也会影响到客人对饭店服务与管理的评价。做好接待的准备工作，熟悉客房状况，了解对客服务程序，对于做好客房销售工作以及提供优质接待服务有着非常重要的意义。

案例： 一天，名人饭店的前厅服务员小李值夜班，一位客人前来入住。小李热情地问候了客人，并按照相关程序和规定为客人办理入住登记手续。当小李核查客人的身份证时，发现这位客人很像前不久公安局正在通缉的逃犯，她一下呆住了，头脑一片混乱，不知如何处理。该客人从小李的神色中发现了异样，马上溜出饭店，逃之夭夭。

分析： 小李显然对处理可疑客人缺乏经验和技巧。一般情况下，当服务员发现可疑客人时，应首先保持冷静，态度如常。然后在《住宿登记表》上做出特殊记号。安排房间时，将其分配在易于观察和控制的区域内。并通知保安部与客房部，尽快与有关部门联系，进行调查和监控。

一、实训安排

实训项目	填写登记表
实训时间	0.5 学时
实训目的	使学员掌握登记表中每项内容的内涵、填写方法等
实训要求	1. 态度热情友善，服务规范得体，语言应用得当 2. 登记表填写规范，字迹整齐，无涂改，无污迹
实训方法	先按 8 人一组由老师进行讲解，然后按每 2 人一组进行实际操作

二、实训准备

电脑、登记表、预订资料、有效证件（身份证、护照等）若干。老师先进行示范讲解，后由学员模拟操作。

三、实训操作流程

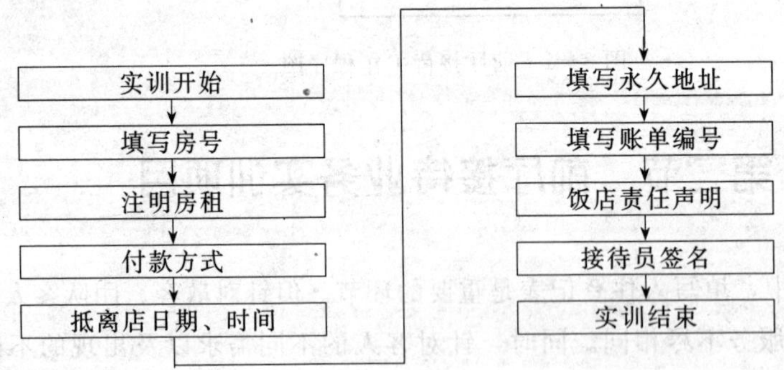

四、实训操作规范

步　骤	主　要　操　作　内　容
填写房号	注明房号，便于查找，识别客人及建立客账
注明房租	注明房租，表明饭店就价格问题达成最终一致的意见，且房租亦是建立客人账户，预测客房营业收入的重要依据

续表

步 骤	主 要 操 作 内 容
付款方式	注明付款方式，便于饭店决定客人在店期间的信用限额，同时，也有助于提高客人结账离店工作的效率
抵离店日期、时间	抵离店日期、时间，正确掌握客人的抵店日期、时间，有助于结账及提供邮件服务的顺利进行；而了解客人的离店日期、时间，则有助于客房预测及排房工作，尤其在旺季，取得客人亲笔填写的离店日期，可使饭店处于比较主动的地位。通常，接待员会提前一天，给预计次日离店的住客打电话，或让行李员递送留言单，以核实住客次日离店的确切时间，此举，应注意方式方法，以免引起客人的反感
填写永久地址	应请客人正确填写完整的永久地址，以便饭店与客人间往后联系。如客人离店后的账务处理，遗留物品处理，及邮寄服务等
填写账单编号	账单编号：填写账单编号，可依据客人姓名顺序查找出账单存根，以便于有关账务等问题的处理
饭店责任声明	饭店责任的声明：贵重物品的寄存规定、结账离店的时间规定、会客须知、查验证件的要求等。这样，有助于明确责任，减少矛盾纠纷，改善对客关系，完善服务环节
接待员签名	接待员签名。加强员工的责任感，亦是饭店控制质量的措施之一

五、服务要点

服务要点	规 范 要 求	原 因
出示证件	按规定，港澳同胞持回乡证或回乡卡或通行证；台胞持台湾同胞出入境通行证或旅行证；外籍客人持护照、居留证；国内客人持身份证、临时身份证、军人证、警官证、离休证、学生证等证件办理登记住宿	不能违反国家的法律法规
客人预付方式	如果客人使用现金，则按收取现金的规定收取。如果客人使用信用卡，先为客人刷下空卡，请持卡人在《信用卡签购单》上签名，注意核对签名是否与信用卡背面的签名字样一致。几个房间同时由其中一人以信用卡预付时，请持卡人在《付款确认书》上签名	预防发生付款纠纷

六、服务过程中容易出现的问题及解决途径

服务环节容易出现的问题	解 决 途 径
房间价格并非门市价	须注明优惠打折的原因及批准人
客人入住时没有净房	必须向客人做好解释工作，取得客人的谅解并请客人先到咖啡厅稍作休息，立即通知客房服务中心安排人员整理房间，房间必须在20分钟内整理完毕

七、考核测试

组别：__________ 姓名：__________ 总分：__________

项 目	分 数	扣 分
填写房号	10	
注明房租	10	

续表

项　目	分　数	扣　分
付款方式	15	
抵离店日期、时间	20	
填写永久地址	15	
填写账单编号	10	
饭店责任声明	10	
接待员签名	10	

考核时间：　　　年　　月　　日　　考评师（签名）：________

八、讨论题

1. 入住客人的有效证件有哪几种？

2. 客人的付款方式有哪几种？如何处理信用卡结账？

3. 入住登记表上为什么要加上饭店责任声明？

4. 接待员签名的作用是什么？

5. 假如提前一天给预计次日离店的住客打电话，或让行李员递送留言单，以核实住客次日离店的确切时间，应该使用什么方式不让客人反感？

实训项目十三：散客接待服务

散客是饭店的重要客源。做好散客的接待服务，有助于树立饭店形象，扩大饭店影响，吸引更多客人。散客接待服务重在掌握服务流程和服务技巧，并能处理散客接待的一些日常问题。

案例： 小张是江汉国际大饭店的前厅服务员。一天，一位客人前来登记入住。这位客人告诉小张，他已经预定了房间。小张寻找预订单时，没有找到。于是打电话询问前一个班次的服务员，但仍没找到。小张又开始寻找，最终找到预订单，但花了很长时间，引起了客人的不满。

分析： 小张找不到客人的预订单时，应该按照以下程序处理：首先向客人致歉，然后按照散客入住程序为客人办理入住手续，避免让客人等待。在办理入住手续时，可利用时间与客人沟通，如询问客人的预定方式、预定时间等详细信息，尽量在客人办理完入住手续前找到相应的《预订单》。如果万一没找到，向客人回复找不到《预订单》的原因，如是饭店内部原因，则向客人致歉，或向客人解释实际原因让客人释疑。

一、实训安排

实训项目	散客接待服务
实训时间	3 学时
实训目的	使学员掌握散客接待程序和方法

续表

实训要求	1. 态度热情友善，服务规范得体，语言应用得当 2. 登记表填写规范，字迹整齐，无涂改，无污迹
实训方法	先按 8 人一组由老师进行示范，然后按每 2 人一组进行实际操作

二、实训准备

电脑、登记表、预订资料、欢迎卡、有效证件（身份证、护照）、信用卡、房卡、钥匙若干。老师先进行示范讲解，后由学员模拟操作。

三、实训操作流程

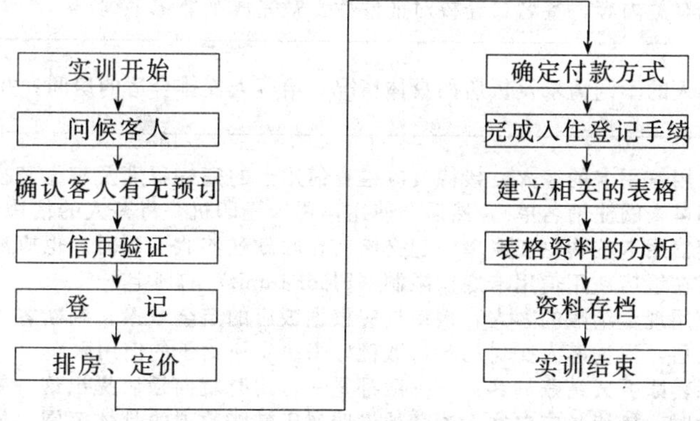

四、实训操作规范

步　骤	主　要　操　作　内　容
问候客人	微笑着问候客人，如“夫人，早上好”“先生，晚上好”“欢迎您到我们饭店来，我能帮您什么忙吗?”等 如果接待员正在打电话，你应该向电话里的客人道歉：“请等一会儿”，然后问候刚抵达的客人，说：“先生，我马上为您服务。”接待员还可以问候客人一路顺风等
确认客人有无预订	如果客人刚到饭店，他会这样说：“我已预订，我刚……”或说：“我叫……”这时接待员应该说：“谢谢…先生，我们为您准备好房间”，如果客人说：“我要一个房间”或“我要开个房间”，这时接待员要首先欢迎客人，然后说“我能查一下您的预订单吗?”若客人有预订就会说出姓名，如果没有预订则将加以解释 若客人已订过房，则应迅速查阅《次日抵店客人一览表》或电脑打印的《预期到店表》，并复述其订房主要内容，尤其是客人所订房间种类、住店夜次，经客人确认后，请客人填写登记表，对于携带订房凭证（Hotel Voucher）客人，接待员应礼貌地请其出示订房凭证的正本，然后注意检查下列内容：订房凭证发放单位的印章、客人姓名、饭店名称、住宿天数、房间种类、用餐安排、抵离日期等 对于未经预订而直接抵店的客人，应首先询问客人的住宿要求，同时查看当天的客房预订状况及可售房情况，以判断能否满足客人的要求。若能提供客房，则请客人登记相关内容，准备排房；若不能接受，则应设法为客人联系其他饭店，给客人以耐心细致的帮助，使其留下深刻的印象

续表

步　骤	主　要　操　作　内　容
信用验证	(1) 优惠客人的信用验证 总经理有权对重要客人和有影响的客人实行优惠：受优惠的客人不需前台验证，通常由公共关系人员陪同进房间登记，登记时，公关人员要灵活地验证客人的身份 (2) 散客验证 散客主要验证护照或身份证，确认付费方式，如果使用信用卡付费，还要验证信用卡的签发日期、地点。对无预订散客要有更加严格的验证手续
登　记	对于预订的散客，由于饭店在客人订房时就已掌握其部分资料，因而在客人实际抵店前，便将有关内容打印在登记表中，形成预先登记表，并将其按客人姓名字母顺序排列在专用的箱内，客人抵店时，即可根据姓名迅速查找出客人的预先登记表，请其填写其他有关内容，签名，经核对证件后，就完成了登记手续
排房、定价	根据客人的不同需求及饭店的具体情况，给客人安排合适的房间，并给予相应的房价
确定付款方式	对于使用信用卡的客人，接待员应检查信用卡的完好程度及有无破损，并检查其有效期（亦可查阅注销名单），然后，使用信用卡压印机，将客人的信用卡影印成签购单，并将其信用卡签购单和账单一起交给前台收款处签收。同时，也应注意信用卡公司对持卡者在饭店使用信用卡底额限制（Floor Limit）的规定 对于使用现金结账的客人，接待员应根据饭店的定金政策，判断客人是否需要预先付款，然后，根据客人交付的预付数额，来决定所给予的信用限额 对于以转账方式结账的客人，一般都是在订房时就向饭店提出这一要求，并已获得批准，此时，接待员应向客人清楚地说明属于转账款项的具体范围，如房租、三餐费用等，如果客人在办理入住登记手续时，才提出以转账方式结账，饭店通常不予受理
完成入住登记手续	排房、定价、确定付款方式后，接待员应请客人在准备好的房卡上签名（房卡是接待员在客人填写登记表的同时，反向倒看填写制作的）（表3－3），将客用钥匙交给客人，并将饭店为客人保存的邮件、留言单等转交客人，有些饭店还向客人提供用餐券、免费饮料券、宣传品等，接着，接待员应安排行李员运送客人行李，并将客房所在楼层及电梯位置告诉客人，祝客人住店期间愉快。客人入住后，将入住信息通告相关部门，同时建立该客人的有关资料，作为今后对客服务的依据
建立相关的表格资料	(1) 在住宿登记表上打上入住的日期与时间 (2) 填写五联卡条并尽快送往相关部门 (3) 标注《次日抵店客人名单》 (4) 制作客房状况卡条，并插入显示架内 (5) 制作客人账单，对此须注意以下几点： ① 将与结账有关的事项（如客人所享受的折扣卡、信用卡号码、免费日期、付款方式等）详细记录在账单备注栏内 ② 使用转账方式结账和持有订房凭证的客人，需制作两份账单：A单是向签约单位收款的凭证，在该账单备注栏内，需注明转账款项及付款单位名称等。B单是记录客人处理款项的账单
表格资料的分析和利用	(1) 通过价格分析，可衡量前台人员销售高档客房的效率 (2) 通过所销售的客房数量，来评估销售工作状况 (3) 通过分析付款方式，可预报现金周转情况 (4) 入住登记时掌握的客人资料，是建立客史档案的基础

五、服务要点

服务要点	规　范　要　求	原　因
选　房	除了按照客人的要求外，一般情况下，先安排净查房，再安排净房，如没有净查房或净房才可选择脏房	方便客人
《住宿登记表》分单	第一联为“财务联”，同信用卡或押金单一同放入账格；第二联为“报表联”，交接班时打印工作报表，附于其后；第三联为“报房联”，作为向客房服务中心报开房的凭证	预防发生付款纠纷

六、服务过程中容易出现的问题及解决途径

服务环节容易出现的问题	解　决　途　径
已预订 VIP 和常客排房	可以根据客人的预订单以及客史档案中的信息，提前填写好登记单及房卡等。当客人抵店时，只要核对证件，即可进入房间。贵宾还可以享受先进入客房，然后在客房中登记的礼遇
客人提出为其他客人代为支付在店费用	应坚持请客人填写“承诺付款书”并签字确认

七、考核测试

组别：＿＿＿＿＿＿　姓名：＿＿＿＿＿＿　总分：＿＿＿＿＿＿

项　目	分　数	扣　分
问候客人	10	
确认客人有无预订	15	
信用验证	10	
登　记	15	
排房、定价	10	
确定付款方式	10	
完成入住登记手续	10	
建立相关的表格资料	10	
表格资料的分析和利用	10	

考核时间：　　年　　月　　日　　考评师（签名）：＿＿＿＿＿＿

八、讨论题

1. 如何确认客人有无预订？
2. 如何进行信用验证？
3. 如何排房和定价？
4. 如何确定付款方式？

实训项目十四：团队接待服务

团队客人是饭店的重要客源，接待好团队客人对建立稳定的客源市场、提高饭店的出租率、保持与增加收入有重要的意义。

一、实训安排

实训项目	团队接待服务
实训时间	3 学时
实训目的	使学员掌握团队接待程序、方法和技巧
实训要求	1. 态度热情友善，服务规范得体，语言应用得当 2. 登记表填写规范，字迹整齐，无涂改，无污迹 3. 及时与团队组织人沟通，认真核对团队成员信息
实训方法	先按 8 人一组由老师进行示范，然后按 4 人一组进行实际操作

二、实训准备

电脑、登记表、预订资料、欢迎卡、有效证件（身份证、护照）、团队签证、团队名单、团队资料袋、信用卡、房卡、钥匙若干等。老师先进行示范讲解，后由学员模拟操作。

三、实训操作流程

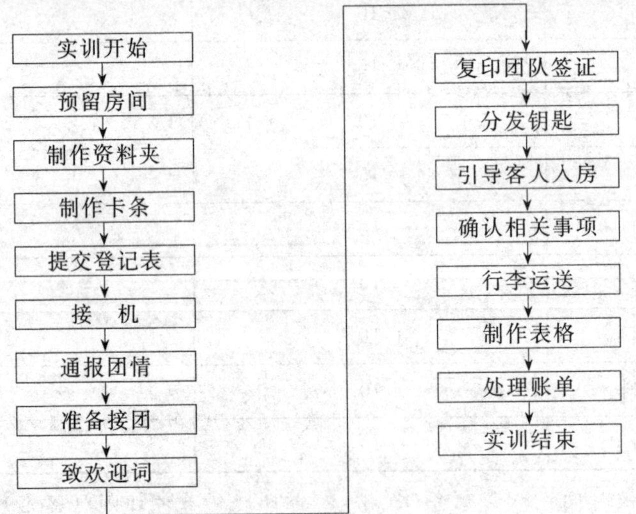

四、实训操作规范

步　骤	主　要　操　作　内　容
排　　房	根据《团队接待通知单》的用房要求，查看电脑房态或客房状况显示架，进行排房，填写《团队用房分配表》，检查核对，确保其正确性
制作资料夹	根据团队的用房情况，制作团队资料夹，夹内放有客用钥匙、房卡、用餐券及饭店促销宣传品等，并将信封按团队抵店入住的时间顺序排列存放

续表

步　骤	主　要　操　作　内　容
制作卡条	制作团队客房状况卡条，插入显示架，预留控制客房
提交登记表	将《团队用房分配表》及团队客人登记表，提前呈交接待单位的陪同
接　　机	团队抵达时，同饭店驻机场代表在机场（车站）迎接客人，并与陪同领队联系，了解行李、人数、用房等有无变化，然后将客人送上车，前往饭店。陪同可将登记表及客房分配情况告诉客人，分发登记表并说明收集的时间
通报团情	驻机场代表尽快将该团名称、编号、车号、离开机场（车站）的时间、行李件数、变更内容、其他特殊情况等信息，电话通知饭店前台
准备接团	大堂经理、团队接待员在大厅等候，并通知客房中心，以作好接待准备
致欢迎词	团队抵店时，由大堂经理、团队接待员迎接，致简单的欢迎词
复印全团签证	复印全团的签证一份，以此证明团队客人的信用验证
分发钥匙	团队联络员将钥匙信封分发给客人（或提前由陪同分发）
引导客人入房	大堂经理、团队联络员将客人送至电梯厅，客房主管及楼层服务员在楼层电梯厅等候客人，并引导客人进入房间
确认相关事项	团队联络与陪同确认用房、用餐、叫醒服务、出行李、离店及其他特殊安排等事项，以提供良好的对客服务
行李运送	团队行李车抵达后，大厅服务处应尽快组织人员，将行李送往相应的客房
制作表格	接待员制作相应表格资料，送往有关部门
处理账单	接待员制作团队主账单（用来记录与全团有关的费用，所列款项由组团单位支付）和分账单（用于记录个人消费），交前台收款处，改变客房状况，并填写《在店团队统计表》其项目包括团队编号、名称、抵离店日期、总用房数、总人数及转账数额等

五、服务要点

服务要点	规　　范　　要　　求	原　因
落实要点	接待方案、人员名单、客人身份、活动日期；预订房类、房数；结算方式、报销项目、费用签单权；是否安排工作房、警卫房；工作人员进驻时间；房间鲜花、水果、名片等特别要求；专梯、车位要求；宴会、会议的具体要求；客人到达时的细节要求	充分准备，便于接待
房间的预留控制	以先重点、后一般的原则安排房间。重点客人先安排房况较好的房间，陪同人员、工作人员、保卫人员安排靠近电梯的房间	方便客人

六、服务过程中容易出现的问题及解决途径

服务环节容易出现的问题	解　决　途　径
团队入住时没有团体签证	应从方便客人出发，核实团队资料无误，则先安排客人入住。如客人是以个人形式入境，则与领队或陪同一起收齐客人证件，按要求填写团队入住登记表。如是团队签证遗失，则领队和陪同到有关部门补办

续表

服务环节容易出现的问题	解 决 途 径
团队客人行李破损	首先应尽力修复，如果实在无法修复，则应与全陪及客人协调赔偿事宜；如果是在饭店签收前发现破损的行李，饭店不负任何责任，但必须在团体行李进店登记簿上登记

七、考核测试

组别：________ 姓名：________ 总分：________

项 目	分 数	扣 分
排 房	5	
制作资料夹	5	
制作卡条	5	
提交登记表	10	
接 机	10	
通报团情	10	
准备接团	10	
致欢迎词	5	
复印全团签证	10	
分发钥匙	5	
引导客人入房	5	
确认相关事项	5	
行李运送	5	
制作表格	5	
处理账单	5	

考核时间： 年 月 日 考评师（签名）：________

八、讨论题

1. 什么是团队价？
2. 团队抵店前应做好哪些准备工作？
3. 团队抵店后如何做好接待工作？
4. 如何做好团队客人行李服务？
5. 团队客人行李破损应如何处理？

实训项目十五：重要客人（VIP）接待服务

饭店 VIP 服务的开始就是从前厅服务开始的，前厅首先以契约的形式确立饭店和 VIP

顾客的关系并最终结束这种关系，在这种关系延续时，始终和顾客保持联系并为其服务。这个过程要侧重与个性化服务。

一、实训安排

实训项目	重要客人（VIP）接待服务
实训时间	2学时
实训目的	使学员掌握重要客人接待程序、方法和技巧
实训要求	1. 态度热情友善，服务规范得体，语言应用得当 2. 登记表填写规范，字迹整齐，无涂改，无污迹
实训方法	先按8人一组由老师进行示范，然后按4人一组进行实际操作

二、实训准备

电脑、登记表、预订资料、欢迎卡、有效证件（身份证、护照）、信用卡、房卡、钥匙若干，老师先进行示范讲解，后由学员模拟操作。

三、实训操作流程

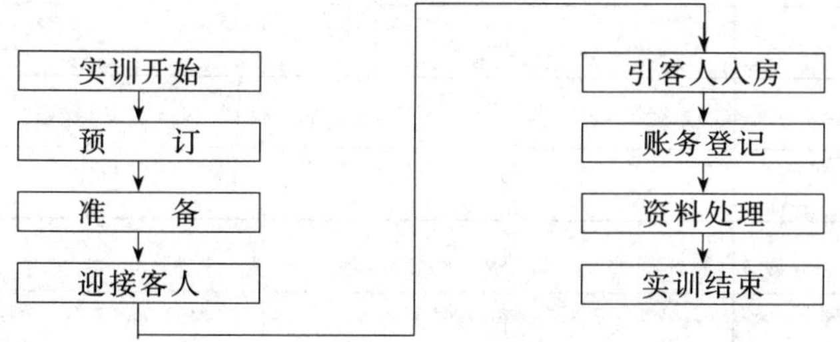

四、实训操作规范

步　骤	主　要　操　作　内　容
预　订	做好VIP客人的预订工作
准备工作	组成由相关部门人员构成的重要客人接待小组，负责重要客人的所有接待任务；根据重要客人的用房情况，安排相对安全、较好或最好的房间，制作重要客人信封，封内放好钥匙、入住登记卡、房卡等，另行放置；将重要客人即将入住的客房进行全面、彻底的清洁，并根据重要客人的特殊要求进行适当的布置（放上印好重要客人姓名的浴衣、拖鞋、信封，并放好有总经理签名的欢迎卡）
迎接客人	重要客人抵达时，同饭店驻机场代表在机场迎接重要客人；大堂副理甚至总经理在大厅等候，并通知客房中心，以作好接待准备。重要客人抵店时，由宾客关系人员（或大堂副理或柜台接待员，根据前厅机构与分工确定）到门口迎接客人（必要时请总经理或有关部门经理到门口迎接），致欢迎词或举行欢迎式
引客人入房	请行李员帮提行李，并将客人直接引入房间办理入住登记（也有的饭店在楼层接待柜台办理）。填写欢迎卡
账务登记	行李员做好账务登记
资料处理	处理入住信息资料

五、服务要点

服务要点	规　范　要　求	原　因
提供个性化服务	了解重要客人的特别习俗、爱好，包括客人旅行的目的、爱好、生活习惯、宗教信仰和禁忌；住店期间要求的额外服务。以便为重要客人提供有针对性的“个性化”服务	准备充分，服务会更周到

六、服务过程中容易出现的问题及解决途径

服务环节容易出现的问题	解　决　途　径
VIP 客人发脾气骂人	应保持冷静，检查自已的工作是否有不足之处，待客人平静后委婉地做解释与道歉，若客人的怒气尚未平息，应及时向上级汇报，请领导解决

七、考核测试

组别：＿＿＿＿＿＿　姓名：＿＿＿＿＿＿　总分：＿＿＿＿＿＿

项　目	分　数	扣　分
预　订	15	
准　备	25	
迎接客人	25	
引客人入房	15	
账务登记	10	
资料处理	10	

考核时间：　　年　　月　　日　　考评师（签名）：＿＿＿＿＿＿

八、讨论题

1. 如何为 VIP 客人提供个性化服务?
2. 如何做好 VIP 客人入住前的接待准备工作?
3. 如何做好 VIP 客人的入住登记工作?

实训项目十六：常住客人接待服务

常住客人的接待服务在流程上可以灵活处理，主要目的是提供有针对性的服务，满足客人的一些特殊爱好和要求。

一、实训安排

实训项目	常住客人接待服务
实训时间	2 学时
实训目的	使学员掌握常客接待程序、方法和技巧

续表

实训要求	1. 态度热情友善，服务规范得体，语言应用得当 2. 登记表填写规范，字迹整齐，无涂改，无污迹
实训方法	先按 8 人一组由老师进行示范，然后按 2 人一组进行实际操作

二、实训准备

电脑、登记表、预订资料、欢迎卡、客史档案、有效证件（身份证、护照）、信用卡、房卡、钥匙若干，老师先进行示范讲解，后由学员模拟操作。

三、实训操作流程

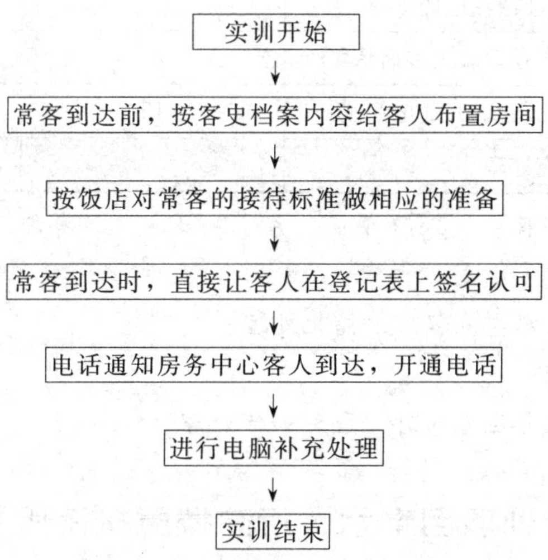

四、实训操作规范

步　骤	主 要 操 作 内 容
准备工作	尽量按常客的客史档案内的资料接待常客，如安排常客常住的客房，客房内按常客的习惯进行布置
接待工作	直接用客人的姓名称呼客人；可灵活运用饭店的一些规章制度，如可让常客先进入客房再进行登记，可减少一些程序，如验证信用等。在接待常客的服务中，应尽量按常客的个性来进行针对性服务
开通电话	通知总机开通电话
电脑补充处理	进行电脑补充处理，在原有档案中再补充一些新材料

五、服务要点

服务要点	规　范　要　求	原　因
总台一站化	先是把结账处从财务部划归前厅部管辖，经过严格的交叉培训，再将接待处与结账处打通连成一片，实现接待、收银一站化	为常住客人提供个性化和针对化服务

六、服务过程中容易出现的问题及解决途径

服务环节容易出现的问题	解决途径
发现新员工不认识常住客人	马上做好补位工作，快步上前用客人姓氏热情称呼问好；并向新员工介绍该常住客人

七、考核测试

组别：________ 姓名：________ 总分：________

项目	分数	扣分
常客到达前，按客史档案内容给客人布置房间	20	
按饭店对常客的接待标准做相应的准备	30	
常客到达时，直接让客人在登记表上签名认可	20	
电话通知房务中心客人到达，开通电话	15	
进行电脑补充处理	15	

考核时间： 年 月 日 考评师（签名）：________

八、讨论题

1. 接待常住客人时，哪些流程可以简化处理？
2. 什么是总台一站化？
3. 发现新员工不认识常住客人时，应该如何处理？

实训项目十七：行政楼层接待服务

商务楼层，亦称行政楼层（Executive Floor），是高星级饭店（通常为四星级以上）为了接待高档商务客人等高消费客人，向他们提供特殊的优质服务而专门设立的楼层。服务设施布局特色：单独设接待处，单独设酒廊或咖啡厅，单独设商务中心和会议室。

一、实训安排

实训项目	行政楼层接待服务
实训时间	2学时
实训目的	使学员掌握行政楼层接待服务程序、方法和技巧
实训要求	1. 态度热情友善，服务规范得体，语言应用得当 2. 登记表填写规范，字迹整齐，无涂改，无污迹
实训方法	先按8人一组由老师进行示范，然后按2人一组进行实际操作

二、实训准备

电脑、登记表、预订资料、欢迎卡、客史档案、有效证件（身份证、护照）、信用卡、房卡、钥匙若干，老师先进行示范讲解，后由学员模拟操作。

三、实训操作流程

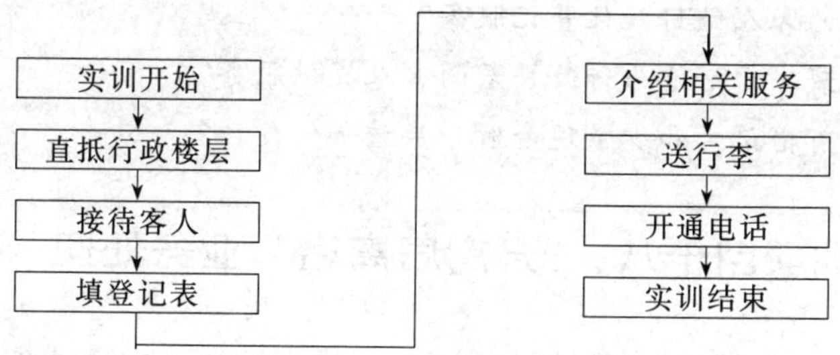

四、实训操作规范

步　骤	主 要 操 作 内 容
直抵行政楼层	请客人直接进入行政楼层
接待客人	替客人倒上一杯热茶，香槟或冰水，让客人休息一下
填登记表	替客人填写登记表，请客人签名认可
介绍相关服务	送客人进房间，并介绍相关服务项目
送行李	通知行李员将行李送到房间
开通电话	通知总机开通电话

五、服务要点

服务要点	规 范 要 求	原 因
信息记载	向每位迎送员发放信息记录本，迎接员当班时要将记录本随身携带，记录客人的动态信息和固定信息	更好地为行政楼层客人服务

六、服务过程中容易出现的问题及解决途径

服务环节容易出现的问题	解 决 途 径
客人交付押金只有借记卡和少量现金	向客人阐明借记卡只能消费，不能做抵押。建议客人先用借记卡预结出固定部分的费用：如房租、政府税收等。再请客人以少量现金作为抵押，同时向客人说明当消费金额即将超过所交抵押金时，饭店会随时联系客人前来补交

七、考核测试

组别：＿＿＿＿＿＿　姓名：＿＿＿＿＿＿　总分：＿＿＿＿＿＿

项　目	分　数	扣　分
直抵行政楼层	20	
接待客人	20	
填登记表	20	
介绍相关服务	15	
送行李	15	
开通电话	10	

考核时间：　　年　　月　　日　　考评师（签名）：＿＿＿＿＿＿

八、讨论题

1. 如何为行政楼层的客人做好入住登记服务？

2. 如何做好信息记载，更好地为行政楼层的客人提供服务？

3. 客人交付押金只有借记卡和少量现金时，应该如何处理？

实训项目十八：“开房后离店”业务处理

“开房后离店”情况在前厅接待中常常发生，原因不尽相同。处理这种业务既要掌握原则性，又要有一定的灵活性和针对性，要具体问题具体处理。做到使客人满意，但又不损害饭店利益。

一、实训安排

实训项目	“开房后离店”业务处理
实训时间	0.5 学时
实训目的	使学员掌握“开房后离店”业务处理程序、方法和技巧
实训要求	开房后离店业务处理程序
实训方法	先按 8 人一组由老师进行示范，然后按 2 人一组进行实际操作

二、实训准备

电脑、登记表、钥匙若干。老师先进行示范讲解，后由学员模拟操作。

三、“开房后离店”业务处理流程

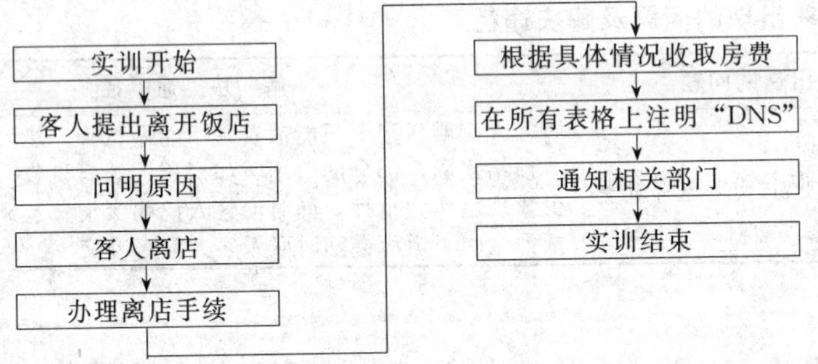

四、实训操作规范

步　骤	主 要 操 作 内 容
问明原因	弄清（解释）换房的原因（可能是由于住客对客房所处的位置、价格、人数变化等原因或饭店因客房的维修保养、住客延期离店等原因）
办理离店手续	向客人表示歉意，并协助客人办理离店手续
根据具体情况收取房费	根据具体情况收费，如果客人的房间没有被动用，不要向客人收取任何费用
表格注明	在所有表格上注明“DNS”
通知相关部门	通知有关部门客人离店的信息，并取消客人的账单

五、服务要点

服务要点	规　范　要　求	原　因
问明原因	如系房间设施、设备令客人不满意，向客人致歉后建议陪同客人参观更好的房类，如此时客人还在徘徊，要抓住时机委婉向客人说明此时退房饭店应收取费用的财务制度。如是客人因自身原因退房，则在查房后与客人进行交涉，可根据具体情况酌情处理，尽量避免客人因此事而下次投宿他店	推销更好客房，避免客人反感

六、服务过程中容易出现的问题及解决途径

服务环节容易出现的问题	解　决　途　径
客人在参观更好的房间时对房价提出疑问	应尽量将新房间的特点和优点做详尽的介绍，当然在房价上也要让客人感到饭店对他的重视，可通过一些语言的表达技巧使客人接受，如“您只要多花50元就可以住上面的房间了”或“我会向上级请示，争取给您大打个优惠的折扣”等等，将客人留住

七、考核测试

组别：＿＿＿＿＿＿　　姓名：＿＿＿＿＿＿　　总分：＿＿＿＿＿＿

项　目	分　数	扣　分
客人提出离开饭店	10	
问明原因	20	
客人离店	15	
办理离店手续	15	
根据具体情况收取房费	15	
在所有表格上注明“DNS”	15	
通知相关部门	10	

考核时间：　　年　　月　　日　　考评师（签名）：＿＿＿＿＿＿

八、讨论题

1. 如何问清楚客人“开房后离店”的原因？
2. 针对客人对房间设施不满而提出离店的情况，应该如何处理？
3. 针对客人自身原因而提出离店的情况，应该如何处理？
4. 客人在参观更好的房间时对房价提出疑问，应如何处理？

实训项目十九：“未抵达”业务处理

“未抵达”是指客人已经预订，但没有在规定的日期抵达饭店。这类业务处理需要认真仔细的态度。处理不好，容易引起饭店和客人之间的矛盾。

一、实训安排

实训项目	“未抵达”业务处理
实训要求	“未抵达”业务处理程序
实训时间	0.5 学时
实训工具	电脑、预订资料、住房名单
实训方法	先按 8 人一组由老师进行示范，然后独自进行实际操作

二、实训准备

电脑、预订资料、住房名单若干，老师先进行示范讲解，后由学员模拟操作。

三、实训操作流程

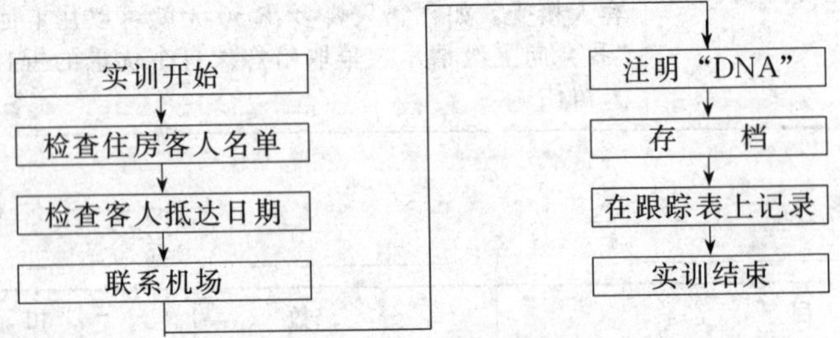

四、实训操作规范

步　骤	主要操作内容
检查住房客人名单	检查问询处的住房客人名单，是否客人已登记入住
检查客人抵达日期	再次检查客人的预期抵达日期，有可能存档错误
联系机场	与机场联系，确认该航班是否已取消
注明“DNA”	在预订单上打印时间（如果该预订是保证预订或已预付订金），并注明“DNA”（夜间接待员和收银员将按程序扣除一夜房费）
存　档	在客人的预订单和预订条上注明“DNA”，放在第二天的预订资料里。通常，客人有可能晚一、二天到达，到时可以参考。即使客人没有保证预订，饭店也可有其预订的记录
在跟踪表上记录	在当日客房状况跟踪表上记录

五、服务要点

服务要点	规范要求	原　因
记录订房人的资料	将电脑中储存的客人订房代理人的姓名、电话号码迅速抄写在报表的订房单位栏中，以便订房人联系询问客人未抵达的原因	提高工作效率
记录原因	根据与订房人的电话询问内容和结果，准确无误地将客人未能抵达的原因记录在报表上	以防误记

六、服务过程中容易出现的问题及解决途径

服务环节容易出现的问题	解　决　途　径
收到未抵店客人的邮件	应把邮件放在待领邮件架上，或与客人的《预订单》一起存放，待客人入住时转交

七、考核测试

组别：＿＿＿＿＿＿　姓名：＿＿＿＿＿＿　总分：＿＿＿＿＿＿

项　　目	分　　数	扣　　分
检查住房客人名单	15	
检查客人抵达日期	15	
联系机场	20	
注明“DNA”	20	
存档	15	
记录在跟踪表上	15	

考核时间：　　　年　　月　　日　　考评师（签名）：＿＿＿＿＿＿

八、讨论题

1. 一般情况下，“未抵达”情况出现的原因有哪些？
2. 当确认客人未抵达饭店时，服务员应该如何处理？
3. 收到未抵店客人的邮件时，应该如何处理？

附：本章主要表格

附一：前厅推销客房技巧

把握特点	前厅员工应了解饭店的客源市场、营销策略，重点掌握饭店所寻求的客源种类及其需求，充分利用建立起的客史档案资料，把握客人的特点，采取针对性、个性化的销售方法。例如：商务旅游者的特点是：时间安排很紧，但往返饭店的可能性极大；经常使用饭店的设施、设备；讲究饭店对其服务的速度、效率等。前厅员工应针对其特点，向他们推销饭店完善的设施，如幽静、便于会客，且房内通讯设备良好、价格较高的商务房；而度假旅游者的特点则不相同，故应向其推销景色宜人、宽敞雅致的客房；另外，应向知名人士、新婚夫妇、高薪阶层推荐套房；向携带孩子的父母推销相连房；向年老的客人推销靠近电梯，且低楼层的房间等
介绍产品	把握客人的特点后，前厅部员工应尽快地向客人介绍饭店的产品。此时，应注意察言观色，并生动描述产品的优点、能够给予客人的便利条件，以及各种附加的心理方面的满足。而不是只作简单平淡的介绍。例如，套房强调有气派、便于社交、会客、商务接待；朝向花园的客房强调其清静、给人以惬意的感受；临近走道的客房则说明其进出方便等

续表

洽谈价格	前厅部员工应努力使客人认同饭店所销售产品的价值，对产品独到的特点给予适当的形容和强调。例如，在洽谈客房价格前，首先应确切把握客人的消费心理，进而对产品冠以相应的形容词，强调对客本身的好处。总之，洽谈价格时，应特别强调产品的价值，并解答客人最希望了解的关键问题。不进行硬性推销，不急于报价定价，是最重要的。掌握有关洽谈价格的技巧
展示产品	总台必须备有饭店产品宣传册，及广告宣传资料、图片，并将他们陈列或布置在大厅醒目处，供客人仔细观看、选择，以促进销售。必要时，可将饭店的产品展示给客人。如，可在客人愿意的情况下，带领客人实地参观几种不同类型的房间，由高档逐步向低档类型展示，再伴以前厅部员工的热情、礼貌、信心及促销语言，客人大都会作出合理、明智的选择
促成交易	通过上述积极的销售，在察觉到客人对所推销的产品感兴趣时，前厅员工应倍加努力，促成客人作出最终选择。交易达成后，前厅部员工应真诚地对客人的选择表示谢意，并尽量缩短客人等候和办理手续时间，让客人尽快进入房间、或享用饭店的其他产品

附二：前厅接待质量检查评分细则

有9项检查内容，共100分，各项评分细则如下

	细　　则	评分（分）	检查
总台接待人员（10分）	熟悉总台工作内容： 总台接待工作内容十分熟悉 比较熟悉 基本熟悉 不熟悉，工作生疏	2 1.8—2 1.3—1.7 0.7—1.2 0.6以下	
	熟悉总台操作程序： 准确掌握团体、散客、VIP、无预订客人、常客、行政楼层客人接待分房程序 有个别程序不熟 有明显不熟 基本不掌握，操作生疏	2 1.8—2 1.3—1.7 0.7—1.2 0.6以下	
	外语语种与语言能力： 掌握2种以上外语，能够熟练地使用同客人交谈，语言运用准确 掌握2种外语，基本能够准确运用 掌握1种外语，能适应工作 基本不掌握，语言运用生疏	2 1.8—2 1.3—1.7 0.7—1.2 0.6以下	
	操作技术熟练程序： 经验丰富，技术熟练，能针对不同客人提供接待服务 技术比较熟练，接待服务针对性较强 基本掌握操作技术，差错较少 操作技术较差，常出错	2 1.8—2 1.3—1.7 0.7—1.2 0.6以下	
	有无人为差错发生： 无 很少发生 时有发生 差错较多，客人有意见	2 1.8—2 1.3—1.7 0.7—1.2 0.6以下	

续表

	细　　则	评分（分）	检查
接待前的准备工作（8分）	掌握客房租用状况： 对全部客房等级、规格、设备、位置、价格及其租用情况十分熟悉 比较熟悉 基本掌握 不掌握，现查现找	2 1.8－2 1.3－1.7 0.7－1.2 0.6以下	
	掌握可分房间： 每日对当天可分房间类型、等级、价格，可入住时间完全掌握 有个别不清，及时查询 有少量不清，查询及时 掌握较差，影响分房准确性	2 1.8－2 1.3－1.7 0.7－1.2 0.6以下	
	制定预分方案： 每日对各类入住客房分配事先制定预分方案，准确无误 有个别房间不准确 方案基本准确，差错少 无预分方案，现查现找，差错多	2 1.8－2 1.3－1.7 0.7－1.2 0.6以下	
	准备接待资料与用品： 欢迎卡、登记卡、客房钥匙等各种资料准备齐全、准确 有个别时候不足 有明显准备不足 普遍较差，影响客人接待分房	2 1.8－2 1.3－1.7 0.7－1.2 0.6以下	
有预订散客入住登记（14分）	主动问好、热情欢迎	2	
	询问有无预订： 形成习惯，主动询问 有个别不足 有明显不足 普遍较差	2 1.8－2 1.3－1.7 0.7－1.2 0.6以下	
	核实预订分配房号： 核实分配准确 有个别不准，及时调整 有明显不准，及时调整 房号分配不准确，影响出租	2 1.8－2 1.3－1.7 0.7－1.2 0.6以下	
	办理入住登记： 手续办理快速、准确 有个别不及时 有明显不准确，及时调整 准确性差，客人等候时间长	2 1.8－2 1.3－1.7 0.7－1.2 0.6以下	
	检查有效证件： 护照、身份检查快速、准确 有个别不足 有明显不及时 检查较差，违背饭店规定	2 1.8－2 1.3－1.7 0.7－1.2 0.6以下	
	检查信用、开记账单： 信用检查准确、及时 有个别不清，及时查询 检查记录有明显不准确 检查较差，形成跑账、漏账	2 1.8－2 1.3－1.7 0.7－1.2 0.6以下	
	处理入住信息： 入住信息输入电脑或人工处理准确及时 有个别不及时 有明显不足 信息处理差，出现错误，影响今后分房或收款	2 1.8－2 1.3－1.7 0.7－1.2 0.6以下	

续表

	细　　则	评分（分）	检查
常客与VIP客人入住登记（13分）	掌握入住名单	2	
	确定接待规格： 根据客人身份和来店次数多少及上级要求，确定接待规格准确 有个别不足，及时纠正 有明显不足，事后纠正 确定接待规格出错，引起客人不满	2 1.8－2 1.3－1.7 0.7－1.2 0.6 以下	
	检查准备工作： 常客与VIP客人到达，接待前做好准备，检查客房清扫，鲜花、水果、饮料供应与接待规格相适应 有个别检查不及时 有明显不足，影响接待规格 检查准备工作较差，不能体现接待规格	2 1.8－2 1.3－1.7 0.7－1.2 0.6 以下	
	填写入住登记： 事先填好，准确无误 有个别不足 事前不清，客人来后自填 普遍较差	2 1.8－2 1.3－1.7 0.7－1.2 0.6 以下	
	主动问好热情欢迎	2	
	专人接待送入房间： 有专人接待，操作规范 有个别不足 有明显不足 无专人，按普通客人对待	2 1.8－2 1.3－1.7 0.7－1.2 0.6 以下	
	处理入住信息	2	
团体客人入住登记（16分）	检查团体到店名单： 客人到达，与导游领队核实名单准确 有个别不准确，及时调整 不明显不准确 接待工作差	2 1.8－2 1.3－1.7 0.7－1.2 0.6 以下	
	团体预分方案： 预分房间事先准备好，清扫及时 有个别不准 方案基本准确，房间清扫不及时 普遍较差，现找现分配	2 1.8－2 1.3－1.7 0.7－1.2 0.6 以下	
	和领队导游协商分房： 协商及时，安排准确集中 有个别不及时 有明显不及时 协商较差，客人不满意，耽误时间长	2 1.8－2 1.3－1.7 0.7－1.2 0.6 以下	
	分发填写入住登记表： 分发及时，检查无误 有个别不准及时调整 明显检查有误	2 1.8－2 1.3－1.7 0.7－1.2	
	检查有效证件（评分细则与有预订散客相同）	2	

续表

	细　　则	评分（分）	检查
团体客人入住登记（16分）	安排用餐、叫醒服务： 与领队、导游协商安排准确 有个别不足与不及时 有明显不及时准确 协商较差，影响团体客人活动	2 1.8—2 1.3—1.7 0.7—1.2 0.6 以下	
	开立客人账户与信息处理： 集体账户和团体客人个人账户分列准确，信息输入准确 有个别不足 有明显不准 账户开列与信息输入差错，影响收款	2 1.8—2 1.3—1.7 0.7—1.2 0.6 以下	
	接待快速程度： 达到优质标准时间要求 达到良好标准时间要求 达到合格标准时间要求	2 1.8—2 1.4—1.7 0.8—1.3	
无预订散客入住登记（10分）	掌握可分房间： 每日掌握可出租给无预订客人房间类型、等级、价格准确 有个别掌握不准 有明显不掌握，及时查询 掌握较差，影响客房利用	2 1.8—2 1.3—1.7 0.7—1.2 0.6 以下	
	主动问好、询问需求	2	
	有针对性推销客房： 善于运用推销技巧，针对性强 有个别不足 推销技巧一般 针对性差，影响客房出租和收入	2 1.8—2 1.3—1.7 0.7—1.2 0.6 以下	
	填登记表检查身份： 护照、身份证、食用检查快速、准确 有个别时候不足 有明显不及时准确 普遍较差	2 1.8—2 1.3—1.7 0.8—1.2 0.7 以下	
	开立客人账户： 账户开设准确无误 个别时候不及时 有明显差错或不规范	2 1.8—2 1.4—1.7 1.3 以下	
	处理入住信息（评分细则与有预订散客相同）	2	
换房与入住变更服务（12分）	了解客人换房要求： 原因、要求了解清楚、准确 有个别不足 了解不及时	2 1.8—2 1.3—1.7 0.7—1.2	
	开换房单： 一式三联准确、及时 未开换房单，电话通知	2 1.8—2 0.7—1.2	
	为客人换房： 主动帮助，换房及时 有个别不及时 明显不礼貌，怕麻烦 不能主动帮助	2 1.8—2 1.3—1.7 0.7—1.2 0.6 以下	

续表

	细　　则	评分（分）	检查
换房与入住变更服务（12分）	换房信息处理（评分细则与入住信息处理相同）	2	
	了解入住变更： 客人人数、进离店时间等变更要求了解准确、及时 有个别不及时 有明显不及时 情况不清，客人不满意	2 1.8－2 1.3－1.7 0.7－1.2 0.6以下	
	入住变更处理： 处理准确及时 有个别不足 明显处理不准，及时调整 处理较差，客人不满意，影响客房继续出租	2 1.8－2 1.3－1.7 0.7－1.2 0.6以下	
总台报表处理（10分）	接待报表数量： 有接待报告、VIP名单、团体资料、出租统计、离店分析等5种以上 4种以上 3种以上 3种以下	2 1.8－2 1.3－1.7 0.7－1.2 0.6以下	
	报表打印： 准确及时 个别不及时 个别不准确 普遍较差	2 1.8－2 1.3－1.7 0.7－1.2 0.6以下	
	报表分发（评分细则与预订报表分发相同）	1	
	提供决策依据（评分细则与预订报表相同）	2	
	报表分类归档： 分类准确，摆放整齐，取用方便 有个别不足 明显不足及时调整 普遍较差	2 1.8－2 1.3－1.7 0.7－1.2 0.6以下	
总台接待协调配合（8分）	与前厅人员配合： 与前厅预订、行李、总机等人员配合默契，服务协调 有个别时候配合不够 有明显配合不够 配合较差	2 1.8－2 1.3－1.7 0.7－1.2 0.6以下	
	与客房饮食部配合（评分细则同上）	2	
	接待整体效果： 总台接待整体效果好 比较好 整体效果一般 较差，客人投诉	2 1.8－2 1.3－1.7 0.7－1.2 0.6以下	
	客人满意程度： 90%以上 80%以上 70%以上 70%以下	2 1.8－2 1.3－1.7 0.7－1.2 0.6以下	

实训人员姓名：__________

考核者姓名：__________

考核时间：20____年____月____日

附三：

国内住客登记表

房号　　　　每日租金

年　月　日

姓　名		性别		年龄	
工作单位					
籍　　贯	省　　市（县）　　区　　乡				
证件名称		证件号码			
职　　业		住店原因			
何 处 来		住店日期			
何 处 去		离店日期			
同 行 人	人　　数	姓　　名	何 关 系		
结算方式	□现 金	□信用卡	□公司账	□旅行社	□其　他

退房时间是中午 12 时正，中午 12 时至下午 6 时前退房应加收半天房费，如果延时超过下午 6 时应加收一天房费。

加收 10%服务费

收银台免费提供保险箱予以保管贵重物品

__________　　　__________　　　________

当值员工签名　　　当值主管核对　　　客人签名

外国人临时住宿登记表

REGISTRATION FORM OF TEMPORARY RESIDENCE FOR FOREIGNER

(IN BLOCK LETTERS)

房号 ROOM NO.　　日租金 RENT

日期__________

DATE __________

姓名 NAME	SURNAME	FIRST NAME	MIDDLE NAME
国籍 NATIONALITY	性别 SEX	出生日期 BIRTH DATE	职业 OCCUPATION
护照号码 PASSPORT NO	签证有效期 VISA VALIDITY	签证机关 VISA OFFICE	

续表

停留事由 OBJECT OF STAY			入境日期 DATE OF ENTRY		
何处来何处去 WHERE FROM & TO			到达日期 TIME OF ARRIVAL		
接待单位 RECEIVED BY			退房时间 TIME OF DEPARTURE		
结算方式 FORM OF PAYMENT	□现金 CASH	□公司账户 COMPANY	□旅行社 AGENTS	□信用卡 CREDIT CARD	□其他 OTHERS

CHECK OUT TIME IS 12：00 NOON，A 50% CHARGE WILL BE ADDED TO YOUR BILL IF YOU CHECK OUT BEFORE 6：00 PM，A 100% CHARGE WILL BE ADDED TO YOUR BILL IF YOU CHECK OUT AFTER 6：00 PM

退房时间是中午 12 时正，中午 12 时至下午 6 时前退房应加收半天房费，如果延时超过下午 6 时应加收一天房费。

A 10% SERVICE CHARGE WILL BE ADDED TO YOUR BILL

10%服务费会加于账单内。

SAFE DEPOSIT BOXES ARE AVAILABLE AT CASHIER COUNTER AT NO CHARGE.

收银柜台免费提供保险箱予住客使用。

GUEST SIGNATURE 客人签名

DUTY CLERK 当值员工签名

CHECKED BY DUTY SUPERVISOR 当值主管核对

华侨、港、澳、台同胞住宿登记表

REGISTRATION FORM OF RESIDENCE FOR OVERSEAS CHINESE AND COMPATRIOT IN HONG KONG，MACAU OR TAIWAN

房号 ROOM NO.	日租金 RENT

日期________

姓名 NAME	性别 SEX	年龄 AGE	职业 OCCUPATION
籍贯 ORIGIN		停留理由 OBJECT OF STAY	
台、港、澳、境外地址 RES. ADD			

续表

工作地址 OFF. ADD			
何处来 COMING FROM		去何处 GOING TO	
身份证号码 I. D. CARD NO.		回乡证号码 R/E PERMIT	
入境日期 DATE OF ARRIVAL	到达日期 TIME OF ARRIVAL	离店日期 TIME OF DEPARTURE	
结算方式 FORM OF PAYMENT	□现金 CASH　□公司账 COMPANY　□旅行社 AGENTS　□信用卡 CREDIT CARD　□其他 OTHERS		

CHECK OUT TIME IS 12：00 NOON，A 50％ CHARGE WILL BE ADDED TO YOUR BILL IF YOU CHECK OUT BEFORE 6：00PM，A 100％ CHARGEV BE ADDED TO YOUR BILL IF YOU CHECK OUT AFTER 6：00PM

退房时间是中午 12 时正，中午 12 时至下午 6 时前退房应加收半天房费，如果延时超过下午 6 时应加收一天房费。

A 10％ SERVICE CHARGE WILL BE ADDED TO YOUR BILL

10％服务费会加于账单内。

SAFE DEPOSIT BOXES ARE AVAILABLE AT CASHIER COUNTER AT NO CHARGE.

收银柜台免费提供保险箱予住客使用。

GUEST SIGNATURE 客人签名

DUTY CLERK 当值员工签名　　　　CHECKED BY DUTY SUPERVISOR 当值主管核对

团体客人接待单

团　名				编号	
抵　离 时间地点	月　日　时　分乘　由　抵 月　日　时　分乘　赴　离			付款 方式	
人　数	客　人		陪　同	全陪姓名 地陪姓名	
	计　人		计　人		
用 房 数				客房布置 及要求	
房　费	A.　美元/间天 元/间天（人民币）		B. 按　合同价		

续表

<table>
<tr><td rowspan="3">膳
食</td><td>餐别</td><td></td><td rowspan="3">退伙及其他</td><td rowspan="3">日餐
日餐</td></tr>
<tr><td>标准</td><td>元/人天（含）
（不含）</td></tr>
<tr><td>餐差</td><td></td></tr>
<tr><td colspan="2">风味或宴会</td><td colspan="3">月 日 时 分共 桌计 人，标准 元/人（含）
（不含）</td></tr>
<tr><td colspan="5">确认事项：A.
B.
C.</td></tr>
<tr><td colspan="5">备注：A.
B.
C.</td></tr>
</table>

填表：______ 复核：______

客房、房价变更单

<table>
<tr><td colspan="5">房间
房价 变 更 单
姓名
离店日期 自____月____日____时起</td></tr>
<tr><td>项目</td><td>从</td><td>到</td><td colspan="2" rowspan="3">理由</td></tr>
<tr><td>房间</td><td></td><td></td></tr>
<tr><td>房价</td><td></td><td></td></tr>
<tr><td>姓 名</td><td></td><td></td><td colspan="2">宾客签名</td></tr>
<tr><td>离店日期</td><td>月 日 时 分</td><td>月 日 时 分</td><td>经手人</td><td>行李员</td></tr>
</table>

送：收银______ 客房______ 总机______ 行李房______

第四章　商务中心业务实训

商务中心对商务客人前来参加贸易洽谈、展览、研讨等会议而下榻本店将起到积极的作用。大多数饭店为了方便客人，满足客人的商务等需要，而设立了商务中心。

通过本章学习和实训，了解商务中心的工作流程，熟悉和掌握对客旅游服务、机票、火车票及船票服务、护照签证服务、旅游电子商务服务等服务内容和服务技巧；懂得如何提供和满足客人的特殊要求服务；掌握打字及电脑文字处理服务的主要内容和技术。本章的主要学习和实训内容包括：商务中心工作程序、前厅接待服务实训。

第一节　商务中心业务实训项目安排

商务中心业务实训项目包括传真发送服务、旅游服务、护照签证服务、客人的特殊要求服务、旅游电子商务服务、机票与火车票及船票服务和打字电脑文字处理服务等，本章实训项目安排主要是前四项，实训总学时数为 7 学时。

实训项目	实训内容	实训时间	备　注
实训项目二十	传真发送服务	1.5 学时	考核时间按每人 20 分钟计算
实训项目二十一	旅游服务	1.5 学时	
实训项目二十二	护照签证服务	2 学时	
实训项目二十三	客人的特殊要求服务	2 学时	
总实训时间		7 学时	

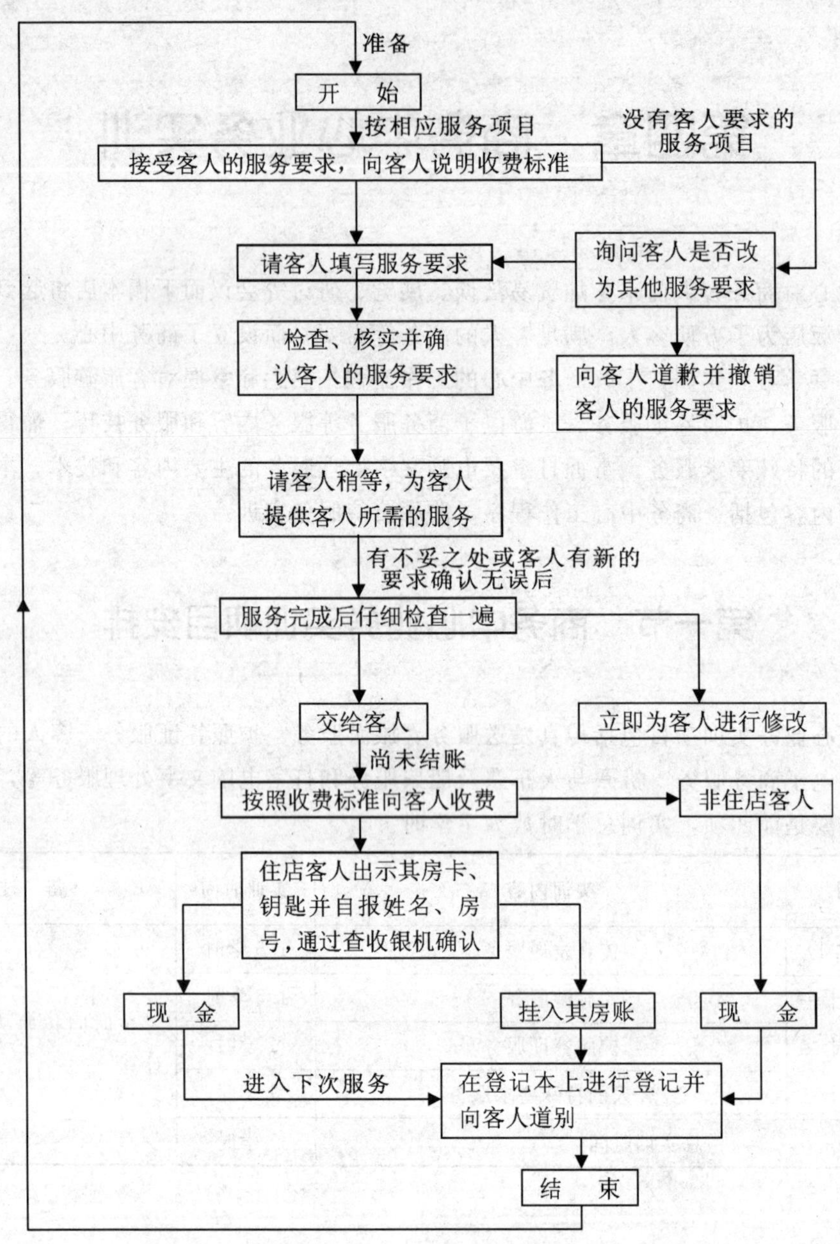

图 4－1　商务中心工作程序流程图

第二节　商务中心业务实训项目

传统的商务服务项目有：打字、复印、电报、传真、文件核对、会议记录、翻译等，现代商务服务在上述传统项目基础上进一步发展成为专门针对客人的全面、系统的服务，如为客人安排商务活动的场所和提供特别服务，为客人提供特殊的订餐和送餐服务等。

实训项目二十：传真发送服务

传真发送是商务中心提供的重要服务之一。发送传真要注意发送操作程序和费用收取程序。接到客人的传真时如何处理，也是服务员应该掌握的服务内容。

案例：一天，商务中心的服务员小王接到一位客人的传真，立即打电话到客人房间，通知客人前来领取，可是客人不在房间。当时接收和发送传真的服务很繁忙，小王就顺手把这封传真放在一边，继续其他工作。客人回来后也忘记通知客人前来领取。直到第二天才发现这个疏忽，把传真给了客人。结果引起了客人的极大不满，投诉了小王。

评价：服务员小王接到传真时应该做好以下工作：用打时钟打上接件时间。根据传真上的客人姓名查找其房号，将传真用信封装好，并写上房号，做好记录。写一留言，开启留言灯，通知客人来取。如是急件应立即打电话通知客人来取。如果客人已经离店，可将传真存好，每日都要查一次是否有此客人。

一、实训安排

<table>
<tr><td>实训项目</td><td colspan="2">传真发送服务</td></tr>
<tr><td>实训时间</td><td>1.5 个学时</td><td rowspan="4">可以增加 0.5 个学时。先按 8 人为一组进行讲解示范后，按每 2 人一组进行实际操作</td></tr>
<tr><td>实训目的</td><td>掌握如何装文件、拨对方传真号与电报号、发送确认等</td></tr>
<tr><td>实训要求</td><td>1. 态度热情友善
2. 服务动作和程序规范得体
3. 语言应用得体</td></tr>
<tr><td>实训方法</td><td>老师讲解、示范操作、指导与学生实际操作相结合</td></tr>
</table>

二、实训准备

传真机、电报机、纸张、表格等。老师先进行示范讲解，后由学员模拟操作。

三、实训操作流程

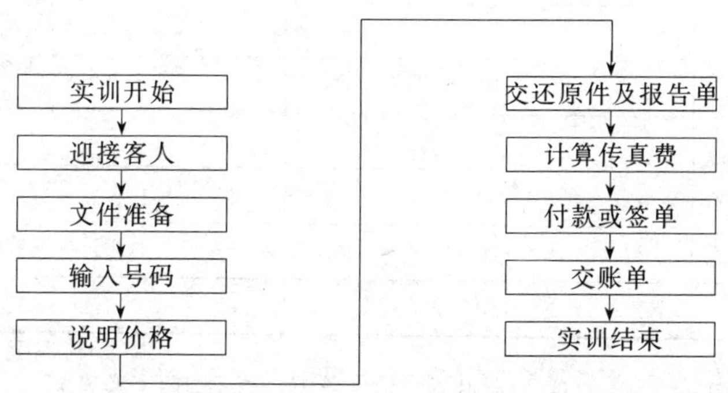

四、实训操作规范

步　骤	主要操作内容
迎接客人	主动、热情地迎接客人，问明发往国家和地区
准备工作	查看客人提供的国家、地区号码，确认无误。事先向客人说明传真价格是3分钟起算，并将每分钟价格告诉客人
发传真	输入传真号码后，先与稿件上号码核对一下，确认无误后，按发送键
发还原件	传真发出后，要将“OK”报告单连同原件一起交给客人。按照有关规定计算传真费。请客人付款或签单，账单上注明传真号码及发送所用时间。将账单送至前厅收银

五、服务要点

服务要点	规范动作	原因
发传真要求	将所有传真件正文朝下，放入纸槽内，拨国家代号或地区区号、传真号码，听到对方传真信号后，按启动键	正确使用传真机
费用收取	快速查询电脑，核对客人的姓名及房间号	以防误记

六、服务过程中容易出现的问题及解决途径

服务环节容易出现的问题	解决途径
繁忙时，传真机全部被占用	应有礼貌地向客人解释，并告诉客人“我们会尽快为您发出，请不必担心”
让客人等待	可以告诉客人传真发出后将传真原件送回客人房间，请客人先支付100%的押金，发出后通知客人来取

七、考核测试

组别：＿＿＿＿＿＿　姓名：＿＿＿＿＿＿　总分：＿＿＿＿＿＿

项　目	分　数	扣　分
迎接客人	10	
文件准备	15	
输入号码	15	
说明价格	10	
交还原件及报告单	20	
计算传真费	10	
付款或签单	10	
交账单	10	

考核时间：　　年　　月　　日　　考评师（签名）：＿＿＿＿＿＿

八、讨论题

1. 如何正确使用传真机？

2. 接收到客人的传真时，如何处理？

3. 当发送传真业务比较繁忙，客人需要等待时，如何做好对客服务？

4. 如何做好发送传真的收费工作？

实训项目二十一：旅游服务

一、实训安排

实训项目	旅游服务	
实训时间	1.5 个学时	可以增加 0.5 个学时。先按 8 人为一组进行讲解示范后，按每 2 人一组进行实际操作
实训目的	旅游服务内容的介绍技巧	
实训要求	1. 态度热情友善，服务动作规范得体，语言应用得体 2. 记录准确，特殊要求特别记录	
实训方法	老师讲解、示范操作、指导与学生实际操作相结合	

二、实训准备

电脑、电话、相关信息资料与表格若干。教师先进行示范讲解，后由学员模拟操作。

三、实训操作流程

四、实训操作规范

步　骤	主　要　操　作　内　容
迎接客人	迎接客人，介绍服务项目与服务标准
询问客人	礼貌询问客人所去的旅游目的地，了解客人所需的具体服务内容，并做好相应的记录
提供信息	认真负责地向客人提供有关信息和具体服务。以客人为中心的原则，向客人提供一些客观、科学、合理的建议，以供其参考
收　　费	按标准流程收费，做好备案记录，向客人致谢道别，服务结束

五、服务要点

服务要点	规　范　动　作	原　因
推荐路线	客人咨询观光旅游服务时，应向客人介绍相关的旅游路线	方便客人出游
服务确认	与旅行社确认旅游服务，向客人先收取费用并开具专用发票，注明客人的房号、姓名、人数及参加的日期、时间，复印发票传真给旅行社，并告诉客人须提前 10 分钟在大堂候车	防止发生纠纷

六、服务过程中容易出现的问题及解决途径

服务环节容易出现的问题	解 决 途 径
客人需要导游服务	一般由司机提供导游服务，如客人需要专职导游，可与各合作旅行社联系，由他们派出专职导游，但须加收专职导游费

七、考核测试

组别：＿＿＿＿　姓名：＿＿＿＿　总分：＿＿＿＿

项　目	分　数	扣　分
迎　客	20	
提供信息	35	
设备出租	30	
记录备案	15	

考核时间：　　年　　月　　日　　考评师（签名）：＿＿＿＿

八、讨论题

1. 为做好对客旅游服务，服务员应具备哪些知识？
2. 如何做好旅游服务的确认工作？
3. 当客人需要商务中心的服务员提供导游服务时，应该如何处理？

实训项目二十二：护照签证服务

一、实训安排

实训项目	护照签证服务	
实训时间	2 个学时	可以增加 0.5 个学时。先按 8 人为一组进行讲解示范后，按每 2 人一组进行实际操作
实训目的	掌握护照签证服务流程、操作方法和要点	
实训要求	1. 态度热情友善，服务动作规范得体，语言应用得体 2. 记录准确，特殊要求特别记录	
实训方法	老师讲解、示范操作、指导与学生实际操作相结合	

二、实训准备

护照签证、电脑、传真机、电话、相关表格若干。教师先进行示范讲解，后由学员模拟操作。

三、实训操作流程

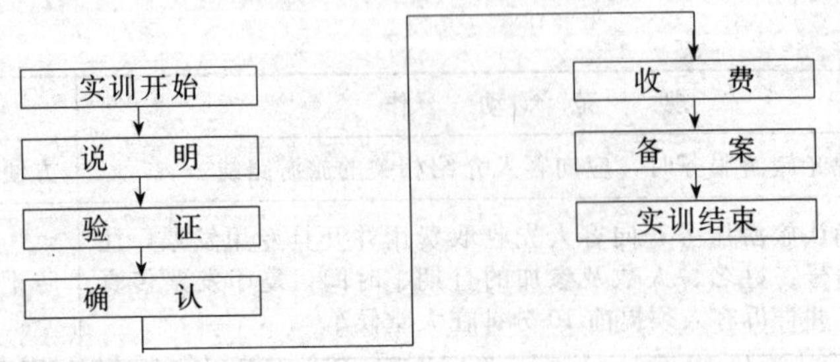

四、实训操作规范

步　骤	主　要　操　作　内　容
说　明	迎接客人，介绍服务项目与服务标准。收齐办理护照签证的有效证件，并向客人介绍服务费的收费标准
验　证	再次检查各有关证件，确定有效、齐全之后，让客人填好相关表格及委托书等
确　认	将各证件材料装入护照签证专用袋（填上姓名、日期、编号等）
收　费	等护照签证办妥之后，及时通知客人来领取，并退还有关证件，若是贵宾，则应派专人送去。并请客人填好收取确认单。按规定办理结账手续
备　案	做好记录备案工作

五、服务要点

服务要点	规　范　动　作	原　因
确认证件	确认签证出发日期、停留日期、政审处理以及护照签证的各种证件底稿	防止发生纠纷

六、服务过程中容易出现的问题及解决途径

服务环节容易出现的问题	解　决　途　径
护照的办理时间	要向客人解释清楚：护照办理一般正常5个工作日，加急3个工作日

七、考核测试

组别：＿＿＿＿＿＿　　姓名：＿＿＿＿＿＿　　总分：＿＿＿＿＿＿

项　目	分　数	扣　分
说　明	15	
验　证	25	
确　认	25	
收　费	20	
备　案	15	

考核时间：　　年　　月　　日　　考评师（签名）：＿＿＿＿＿＿

八、讨论题

1. 办理护照需要哪些有效证件？
2. 办理签证需要准备哪些文件及证件？
3. 办理护照签证时如何做好确认服务？
4. 当客人询问办理护照和签证所需要的时间时，应如何回答？

实训项目二十三：客人的特殊要求服务

一、实训安排

实训项目	客人的特殊要求服务	
实训时间	2个学时	可以增加0.5个学时。先按8人为一组进行讲解示范后，按每2人一组进行实际操作
实训目的	掌握区分客人的要求属于何种范围、突出服务技巧	
实训要求	1. 态度热情友善，服务动作规范得体，语言应用得体 2. 记录准确，特殊要求特别记录	
实训方法	老师讲解、示范操作、指导与学生实际操作相结合	

二、实训准备

电脑、电话、相关表格若干。老师先进行示范讲解，后由学员模拟操作。

三、实训操作流程

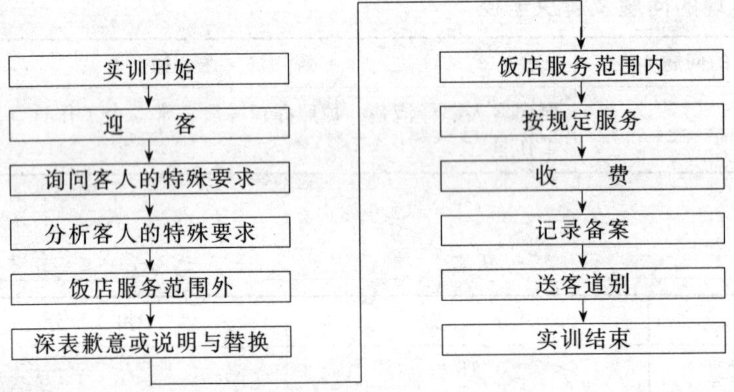

四、实训操作规范

步　骤	主要操作内容
迎　客	迎接客人
询问客人的特殊要求	了解客人的需求，并做好相应的记录
分析客人的特殊要求	结合饭店服务内容，分析客人所提出的特殊要求，并作出相应的服务定位
服务范围外	确定客人所提出的特殊要求是否属于饭店服务范围之内。若客人所提出的特殊要求属于饭店服务范围之外，则可婉言劝说客人
深表歉意或说明与替换	做好解释和深表歉意，同时提供其他可选服务项目以满足客人的特殊要求
服务范围内	按规定规程向客人提供服务
收　费	按规定收取相应的费用

续表

步　骤	主 要 操 作 内 容
记录备案	对于客人所提出的特殊要求的处理结果都应做好记录和备案
送客道别	向客人致谢道别

五、服务要点

服务要点	规　范　动　作	原　因
分析客人特殊要求	熟悉饭店各项服务产品和内容，收集和熟悉饭店所处地提供的各项服务和内容	更好对客服务

六、服务过程中容易出现的问题及解决途径

服务环节容易出现的问题	解　决　途　径
客人特殊要求不能得到满足而提出抱怨	做好致歉工作，并在法律法规许可的范围内向客人提供各种替代服务的信息

七、考核测试

组别：＿＿＿＿＿＿　　姓名：＿＿＿＿＿＿　　总分：＿＿＿＿＿＿

项　　目	分　　数	扣　　分
迎　　客	10	
询问客人的特殊要求	10	
分析客人的特殊要求	10	
服务范围外	10	
深表歉意或说明与替换	10	
服务范围内	10	
按规定服务	10	
收　　费	10	
记录备案	10	
送客道别	10	

考核时间：　　　年　　月　　日　　考评师（签名）：＿＿＿＿＿＿

八、讨论题

1. 如何分析客人的特殊要求？

2. 如果饭店不能满足客人的特殊要求，应该如何处理？

3. 如果客人提出的要求饭店可以满足，应该如何向客人推荐和介绍？

附：本章主要表格

附一：商务中心服务质量检查标准

传真电报发送检查内容，共16分，各项评分细则掌握如下。

服务员	细　　则	评分（分）	检查结果
传真电报发送员	熟悉各种传真机、电报机等设施的使用： 各种传真机、电报机等设施的使用十分熟悉 有个别细节不熟悉，但不影响对客服务 有明显不熟悉现象，在对客服务时工作效率较低 不熟悉，在使用过程中出现不知所措甚至出错	4 3.5—4 3—3.4 2.5—2.9 2.4以下	
	熟悉传真电报发送操作的可行性准备： 每天所需的各种纸张与表格、收费标准等十分熟悉 有个别不熟 部分表格的填写或选用纸张明显不熟悉 基本不熟悉	3 2.5—3 2—2.4 1.5—1.9 1.5以下	
	掌握传真电报发送工作内容： 完全掌握，文稿检查准确，线路沟通、收发稿件转交稿件及时 有个别细节不熟悉 基本掌握 不熟悉，内容生疏	3 2.8—3 1.7—2.7 1—1.6 0.9以下	
	熟悉传真电报发送操作程序： 传真电报发送操作步骤十分熟悉 有个别步骤不熟悉 明显不够熟悉 基本不掌握	3 2.8—3 1.7—2.7 1—1.6 0.9以下	
	对客服务效果： 客人完全满意或受到客人的表扬 客人基本满意 客人不太满意但客人没有投诉 客人不满意并且出现了客人投诉	3 2.8—3 1.7—2.7 1—1.6 0.9以下	
合　计		16	

旅游服务检查内容，共10分，各项评分细则掌握如下

服务员	细　　则	评分（分）	检查结果
旅游服务员	熟悉旅游服务所需的电话、电脑等设施的使用： 各种电话、电脑等设施的使用十分熟悉 有个别细节不熟悉，但不影响对客服务 有明显不熟悉现象，在对客服务时工作效率较低 不熟悉，在使用过程中出现不知所措甚至出错	4 3.5—4 3—3.4 2.5—2.9 2.4以下	
	熟悉旅游服务操作程序： 旅游服务操作步骤十分熟悉 有个别步骤不熟悉 明显不够熟悉 基本不掌握	3 2.8—3 1.7—2.7 1—1.6 0.9以下	

续表

服务员	细　　则	评分（分）	检查结果
旅游服务员	对客服务效果： 客人完全满意或受到客人的表扬 客人基本满意 客人不太满意但客人没有投诉 客人不满意并且出现了客人投诉	3 2.8—3 1.7—2.7 1—1.6 0.9 以下	
合　　计		10	

机票、火车票及车船票服务检查内容，共 17 分，各项评分细则掌握如下

服务员	细　　则	评分（分）	检查结果
订票员	熟悉电脑、电话、传真等设施的使用： 各种电脑、电话、传真等设施的使用十分熟悉 有个别细节不熟悉，但不影响对客服务 有明显不熟悉现象，在对客服务时工作效率较低 不熟悉，在使用过程中出现不知所措甚至出错	4 3.5—4 3—3.4 2.5—2.9 2.4 以下	
	机票、火车票及车船票服务可行性准备： 每天所需的各种表格、收费标准、验收有效证件等十分熟悉 有个别不熟 部分表格的填写明显不熟悉 基本不熟悉	4 3.5—4 3—3.4 2.5—2.9 2.4 以下	
	掌握机票、火车票及车船票服务工作内容： 完全掌握，了解国内外主要的订票机构与订票网络 有个别细节不熟悉 基本掌握 不熟悉，内容生疏	3 2.8—3 1.7—2.7 1—1.6 0.9 以下	
	机票、火车票及车船票服务操作程序： 机票、火车票及车船票服务步骤十分熟悉 有个别步骤不熟悉 明显不够熟悉 基本不掌握	3 2.8—3 1.7—2.7 1—1.6 0.9 以下	
	对客服务效果： 客人完全满意或受到客人的表扬 客人基本满意 客人不太满意但客人没有投诉 客人不满意并且出现了客人投诉	3 2.8—3 1.7—2.7 1—1.6 0.9 以下	
合　　计		17	

护照签证服务检查内容，共 12 分，各项评分细则掌握如下

服务员	细　　则	评分（分）	检查结果
护照签证服务员	护照签证服务可行性准备： 每天所需的各种表格、验收有效证件等十分熟悉 有个别不熟 部分表格的填写明显不熟悉 基本不熟悉	3 2.5—3 2—2.4 1.5—1.9 1.5 以下	
	掌握护照签证服务工作内容： 完全掌握 有个别细节不熟悉 基本掌握 不熟悉，内容生疏	3 2.8—3 1.7—2.7 1—1.6 0.9 以下	
	护照签证服务操作程序： 护照签证服务步骤十分熟悉 有个别步骤不熟悉 明显不够熟悉 基本不熟悉	3 2.8—3 1.7—2.7 1—1.6 0.9 以下	
	对客服务效果： 客人完全满意或受到客人的表扬 客人基本满意 客人不太满意但客人没有投诉 客人不满意并且出现了客人投诉	3 2.8—3 1.7—2.7 1—1.6 0.9 以下	
合　　计		12	

附二：旅游电子商务服务检查内容

旅游电子商务服务检查内容，共 16 分，各项评分细则掌握如下

服务员	细　　则	评分（分）	检查结果
旅游电子商务服务	熟悉电脑、电话、传真、打印机等设施的使用： 各种电脑、电话、传真、打印机等设施的使用十分熟悉 有个别细节不熟悉，但不影响对客服务 有明显不熟悉现象，在对客服务时工作效率较低 不熟悉，在使用过程中出现不知所措甚至出错	4 3.5—4 3—3.4 2.5—2.9 2.4 以下	
	旅游电子商务服务可行性准备： 每天所需的各种表格、收费标准、所涉及的网站等十分熟悉 有个别不熟 部分表格的填写明显不熟悉 基本不熟悉	3 2.5—3 2—2.4 1.5—2 1.5 以下	
	旅游电子商务服务工作内容： 完全掌握 有个别细节不熟悉 基本掌握 不熟悉，内容生疏	3 2.8—3 1.7—2.7 1—1.6 0.9 以下	

续表

服务员	细　　则	评分（分）	检查结果
旅游电子商务服务	旅游电子商务服务操作程序： 旅游电子商务服务步骤十分熟悉 有个别步骤不熟悉 明显不够熟悉 基本不掌握	3 2.8—3 1.7—2.7 1—1.6 0.9 以下	
	对客服务效果： 客人完全满意或受到客人的表扬 客人基本满意 客人不太满意但客人没有投诉 客人不满意并且出现了客人投诉	3 2.8—3 1.7—2.7 1—1.6 0.9 以下	
合　　计		16	

客人的特殊要求服务检查内容，共 13 分，各项评分细则掌握如下

服务员	细　　则	评分（分）	检查结果
特殊要求服务	客人的特殊要求服务可行性准备： 每天所需的各种表格、各项服务的收费标准等十分熟悉 有个别不熟不够 部分表格的填写明显不熟悉 基本不熟悉	4 3.5—4 3—3.4 2.5—2.9 2.4 以下	
	客人的特殊要求服务工作内容： 完全掌握 有个别细节不熟悉 基本掌握 不熟悉，内容生疏	3 2.8—3 1.7—2.7 1—1.6 0.9 以下	
	客人的特殊要求服务操作程序： 客人的特殊要求服务步骤十分熟悉 有个别步骤不熟悉 明显不够熟悉 基本不掌握	3 2.8—3 1.7—2.7 1—1.6 0.9 以下	
	对客服务效果： 客人完全满意或受到客人的表扬 客人基本满意 客人不太满意但客人没有投诉 客人不满意并且出现了客人投诉	3 2.8—3 1.7—2.7 1—1.6 0.9 以下	
合　　计		13	

打字服务检查内容，共 16 分，各项评分细则掌握如下

服务员	细　　则	评分（分）	检查结果
打字员	熟悉电脑、电话、打印机等设施的使用： 各种电脑、电话、打印机等设施的使用十分熟悉 有个别细节不熟悉，但不影响对客服务 有明显不熟悉现象，在对客服务时工作效率较低 不熟悉，在使用过程中出现不知所措甚至出错	4 3.5—4 3—3.4 2.5—2.9 2.4 以下	

续表

服务员	细　　则	评分（分）	检查结果
打字员	打字服务可行性准备： 每天所需的各种纸张、收费标准等十分熟悉 有个别不熟悉 部分表格的填写明显不熟悉 基本不熟悉	3 2.5—3 2—2.4 1.5—2 1.4 以下	
	打字服务工作内容： 完全掌握 有个别细节不熟悉 基本掌握 不熟悉，内容生疏	3 2.8—3 1.7—2.7 1—1.6 0.9 以下	
	打字服务操作程序： 打字服务步骤十分熟悉、打字操作熟练程度高 有个别步骤不熟悉，有个别差错字，但能及时改正 明显不够熟悉 基本不掌握	3 2.8—3 1.7—2.7 1—1.6 0.9 以下	
	对客服务效果： 客人完全满意或受到客人的表扬 客人基本满意 客人不太满意但客人没有投诉 客人不满意并且出现了客人投诉	3 2.8—3 1.7—2.7 1—1.6 0.9 以下	
合　　计		16	

注：商务中心服务质量检查标准总分和为 100 分。检查结果得 90～100 分者为优秀；80～90 分者为良好；70～80 分者为中等；60～70 分者为合格；60 分以下者为不合格。

附三：

商务中心综合服务单

BUSINESS CENTER MISCELLANEOUS SERVICE

顾客姓名 GUEST NAME		房号 ROOM NO.		日期 DATE	
电报号： TELEGRAM NO. ________ 传真号： FAX NO. ________ 旅游服务： TOUR SERVICE ________ 票务服务： TICKET SERVICE ________ 护照签证： PASSPORT VISA ________ 旅游电子商务： ELECTRONIC COMMERCE OF TOUR ________ 特殊要求： SPECIAL DEMAND ________		发往国家或地区： TO COUNTRY ________ 发往国家或地区： TO COUNTRY ________		页数 PAGE ________ 页数 PAGE ________	
备注 REMARKS					

经办人：
OPERATOR ________

商务中心设备出租通知单

<table>
<tr><td colspan="4">部门：</td></tr>
<tr><td colspan="4">请贵部门提供以下设备，供出租使用</td></tr>
<tr><td>顾客姓名</td><td></td><td>房　号</td><td></td></tr>
<tr><td>设备名称</td><td></td><td>租用费</td><td></td></tr>
<tr><td>出租时间</td><td></td><td>收回时间</td><td></td></tr>
<tr><td>签　　收</td><td></td><td>经办人</td><td></td></tr>
</table>

填表日期：　　年　　月　　日

商务中心设备借用表

借 LEND						还 RETURN	
日期	时间	内容	顾客房号	顾客签名	经理签名	日期	员工签名

填表日期：　　年　　月　　日

账单签收记录

<table>
<tr><td>收银地点
LOCATION</td><td></td><td>班次
SHIFT FROM</td><td></td><td colspan="2">上午/下午　到　上午/下午
AM/PM　TO　AM/PM</td></tr>
<tr><td>张数
SHEETS</td><td></td><td>签发点收银员
CASHIER</td><td></td><td>前台收银员
F/O CASHIER</td><td></td></tr>
<tr><td colspan="4">是否需要输入客账？
NEED TO INPUT
GUEST LEDGER
是□ YES
否□ NO
共____张
SHEETS</td><td>备　注
REMARKS</td><td></td></tr>
</table>

填表日期：　　年　　月　　日

商务中心营业日报表

收入项目	现金		转账		总计		合计	备注
	住客	外客	住客	外客	住客	外客		
传真电报								
旅游服务								
票务服务								
护照签证								
旅游电子商务服务								
客人特殊服务								
其　　他								
合　　计								

制表人：　　　　　　　　主管：　　　　　　　　填表日期：　　年　　月　　日

第五章　前台收银业务实训

结账业务（Check Out）由饭店前台收银员办理，是客人离店前所接受的最后一项“服务”。为了不影响客人的事务，给客人留下良好的最后印象，结账业务的办理要迅速，一般要求在3～5分钟完成。

通过本章的学习和实训，要求学生掌握饭店前台收银知识及工作职责。在了解前台收银工作流程的基础上，要求掌握外币兑换服务、支票结账服务、现金结账服务、信用卡结账服务、提前结账服务、散客团队结账服务、夜间审核等服务的工作流程。前台收银业务每个实训项目配有实训步骤和测试表，方便学员进行自测。

第一节　前台收银业务实训项目安排

结账在饭店服务中属于收尾工作，它意味着整个饭店服务的结束。按高标准要求，在这个阶段中服务仍不能松懈，而应当继续精益求精，按程序的要求把工作做好。前台收银业务实训项目包括外币兑换、支票结账、现金结账、信用卡结账、提前结账、散客团队结账、夜间审核和特殊情况处理等，总实训时间9.5学时。

实训项目	实训内容	实训时间	备　注
实训项目二十四	外币兑换服务	1学时	前台收银员基本的服务技能考核时间按每人20分钟计算，考核内容以抽签为准
实训项目二十五	支票结账服务	1学时	
实训项目二十六	现金结账服务	1学时	
实训项目二十七	信用卡结账服务	1学时	
实训项目二十八	提前结账服务	1学时	
实训项目二十九	结账服务	1.5学时	
实训项目三十	夜间审核	1.5学时	
总实训时间		8学时	

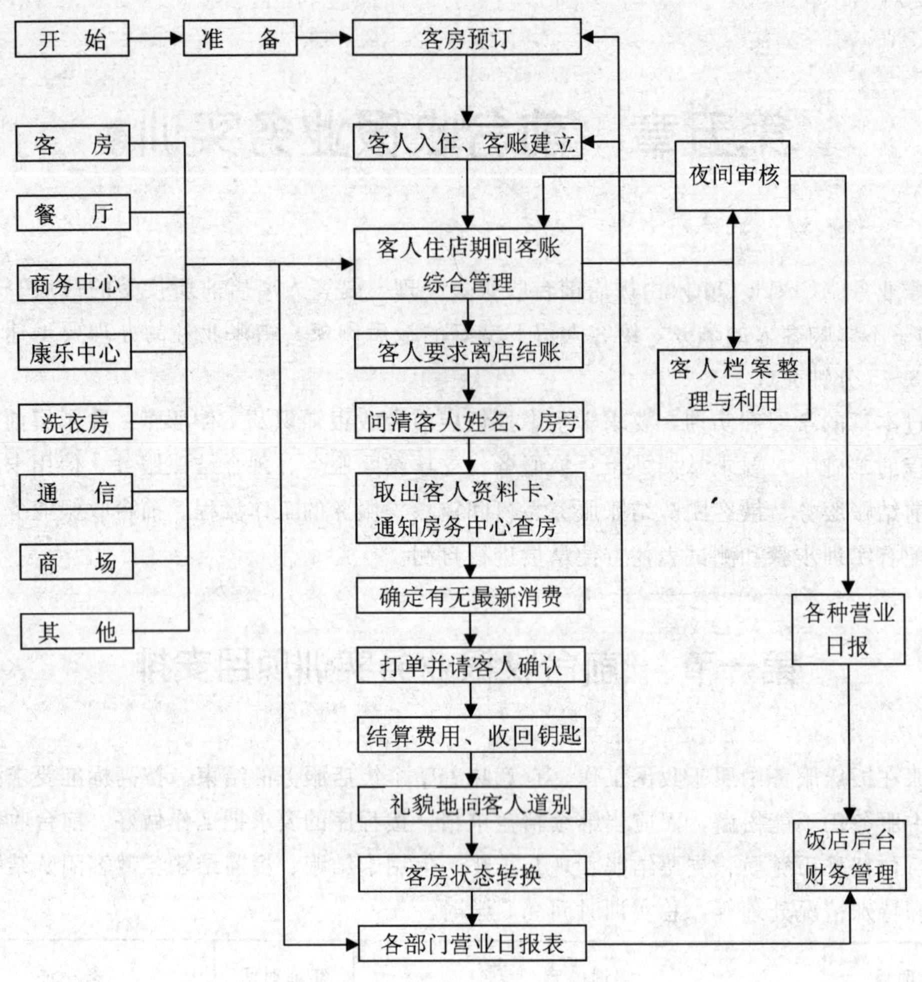

图 5－1 前台收银工作流程

第二节 前台收银业务实训项目

实训项目二十四：外币兑换服务

案例：某日夜晚，一位外籍住店客人正在兑换外币，在填写旅行支票时，不慎将名字签错了地方，面对签错的支票，饭店总台外币兑换员对客人说："这张支票签名的地方不对，请换一张。"客人不同意，双方发生了争执，兑换员坚持不予兑换，客人满腹怒气，来到大堂经理处。

经理小杨正在值班，看到气呼呼走过来的客人，小杨迎上前去，问道："先生，能为你效劳吗？"客人说了事情的经过，显得很着急，小杨听罢，心中暗忖，兑换员说不行，怕难以变通，但又不能随随便便将一个寻求帮忙的客人拒之门外，小杨安慰客人道："先生，别着急，事情总可以解决的，你先请喝杯咖啡，我帮你想办法。”说着，把客人请到酒吧稍作休息。

小杨本身对兑换外币业务并不熟悉，但他想客人之所想，急客人之所急，不熟悉情况先了解这方面的情况，随即，他拨通储蓄所的电话，诚恳地向他们请教。电话接通了：“你好，我是××饭店，我们这儿的一位客人在兑换外币时签错了支票，我想请教一下，是不是有什么可以补救的办法?”对方听后请小杨打电话到分行询问，小杨道：“谢谢!”随后又拨通分行办公室的电话，回答是要问国际兑换台。小杨又一次拿起电话，接通分行国际兑换台，请求帮助。银行方面说办法简单：只要在正确的地方再补签个名就可以了。找到办法后，小杨很快到客人身边，告诉他解决的办法，并将客人带到总台外币兑换处，向兑换员讲明情况，客人顺利地兑换了外币，这时客人带着满意的神情称赞小杨：“谢谢你这么快解决了问题，帮了我的大忙，真不愧为客人的知己。”看着客人跷起大拇指，小杨舒心地笑了：“这是我们应尽的义务，请不必客气。”客人满意而去。

分析：原本是一件极可能引起投诉的复杂事情，可处理起来就这么简单，几个电话就把它处理妥帖，而且效果相当好。其实，类似的事在我们平常服务工作中都会遇到。该如何处理？上面的事例就是答案：不能简单地说：“不”，不如换一种方式试试，多动动嘴，多跑跑腿，在自己力所能及的范围内多为客人做些努力。

这样，即使有些事一时不能解决，客人也会谅解的。

一、实训安排

<table>
<tr><td>实训项目</td><td colspan="2">外币兑换服务</td></tr>
<tr><td>实训时间</td><td>1个学时</td><td rowspan="4">先按8人为一组进行讲解示范后，按每2人一组进行实际操作</td></tr>
<tr><td>实训目的</td><td>使学员掌握外币兑换的服务流程、方法和技巧</td></tr>
<tr><td>实训要求</td><td>1. 态度热情友善，服务动作规范得体，语言应用得体
2. 记录准确，特殊要求特别记录</td></tr>
<tr><td>实训方法</td><td>老师讲解、示范操作、指导与学生实际操作相结合</td></tr>
</table>

二、实训准备

模拟前厅一间，验钞机、纸张、相关表格等。老师先进行示范讲解，后由学员模拟操作。

三、实训操作流程

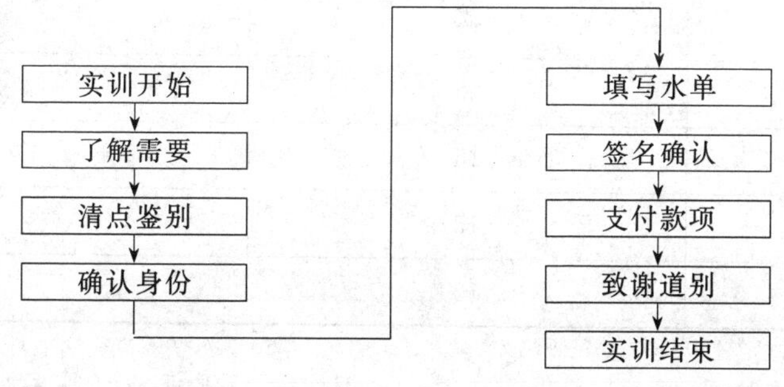

四、实训操作规范

步　骤	主　要　操　作　内　容
了解需要	主动礼貌地迎接客人，询问其所持外币种类，看是否属于饭店的收兑范围。报出当日的外币兑换汇率。问清客人要兑换的外币金额
清点鉴别	收取客人的外币现钞，严格执行“复点制”并唱票。用外币现钞金额、外币汇率算出应兑换给客人的 FEC 金额
确认身份	请客人出示护照，核对兑换人是否为护照持有人
填写水单	请客人在“外币兑换水单”上签字
签名确认	请客人在“外币兑换水单”上签字。收银员在兑换水单上加盖收银员私章和外币兑换公章
支付款项	点清应付给客人的 FEC 金额，严格执行“复点制”。将“外币兑换水单”第二联、护照、FEC 现钞一起交给客人并唱收票
致谢道别	礼貌地同客人道别

五、服务要点

服务要点	规　范　服　务	原　因
外币种类	要属于饭店的收兑范围	符合国家相关的法律法规
兑换手续	严格执行“复点制”并唱票；填制“外币兑换水单”；请客人签字；盖章	核查有依据

六、服务过程中容易出现的问题及解决途径

服务环节容易出现的问题	解　决　途　径
简化手续	（1）员工层面：严格按照外币兑换手续进行 （2）客人层面：加强监督

七、考核测试

组别：________　　姓名：________　　总分：________

项　目	分　数	扣　分
了解需要	10	
清点鉴别	20	
确认身份	15	
填写水单	15	
签名确认	15	
支付款项	15	
致谢道别	10	

考核时间：　　年　　月　　日　　考评师（签名）：________

八、讨论题

1. 什么是“复点制”？
2. 兑换外币时的步骤有哪些？
3. 兑换外币时的注意事项有哪些？

实训项目二十五：旅行支票结账服务

一、实训安排

实训项目	旅行支票结账服务	
实训时间	1个学时	先按8人为一组进行讲解示范后，按每2人一组进行实际操作
实训目的	使学员掌握旅行支票结账服务的流程、方法和技巧	
实训要求	1. 态度热情友善，服务动作规范得体，语言应用得体 2. 记录准确，特殊要求特别记录	
实训方法	老师讲解、示范操作、指导与学生实际操作相结合	

二、实训准备

模拟前厅一间，刷卡机、电脑、纸张、相关表格等。老师先进行示范讲解，后由学员模拟操作。

三、实训操作流程

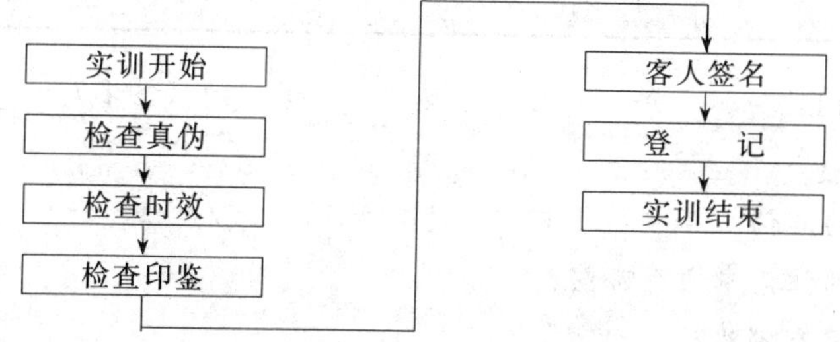

四、实训操作规范

步　骤	主　要　操　作　内　容
检查真伪	检查旅行支票的真伪
检查时效	检查旅行支票上的印鉴是否清楚完整
检查印鉴	检查旅行支票是否过期，金额是否超过限额
客人签名	在支票背面请客人留下联系电话和地址，并请客人签名，如果有疑问及时与出票单位联系核实，必要时可请当班主管人员解决
登　记	将有关资料在旅行支票登记簿上登记入册以备查
结　账	客人将账款结清后，应做好消账工作
通告总台	与客人礼貌道别并通告总台

五、服务要点

服务要点	规　范　服　务	原因
检查支票	检查旅行支票是否过期，金额是否超过限额；检查旅行支票上的印鉴是否清楚完整	符合国家相关的法律法规
记录有关资料	在支票背面请客人留下联系电话和地址，并请客人签名，如果有疑问及时与出票单位联系核实，必要时可请当班主管人员解决	核查有依据

六、服务过程中容易出现的问题及解决途径

服务环节容易出现的问题	解　决　途　径
没有检查支票的有效期	（1）员工层面：严格检查 （2）管理层面：加强监督
没有检查支票上的印鉴是否清楚完整	

七、考核测试

组别：＿＿＿＿＿＿　　姓名：＿＿＿＿＿＿　　总分：＿＿＿＿＿＿

项　目	分　数	扣　分
检查真伪	15	
检查时效	15	
检查印鉴	15	
客人签名	20	
登　记	10	
结　账	15	
通告总台	10	

考核时间：　　年　　月　　日　　考评师（签名）：＿＿＿＿＿＿

八、讨论题

1. 如何辨认旅行支票的真伪？
2. 旅行支票结账服务的注意事项有哪些？
3. 旅行支票结账的步骤有哪些？

实训项目二十六：现金结账服务

一、实训安排

实训项目	现金结账服务	
实训时间	1个学时	先按8人为一组进行讲解示范后，按每2人一组进行实际操作
实训目的	使学员掌握现金结账服务的程序、方法和技巧	
实训要求	1. 态度热情友善，服务动作规范得体，语言应用得体 2. 记录准确，特殊要求特别记录	
实训方法	老师讲解、示范操作、指导与学生实际操作相结合	

二、实训准备

模拟前厅一间，验钞机、电脑、纸张、相关表格等。老师先进行示范讲解，后由学员模拟操作。

三、实训操作流程

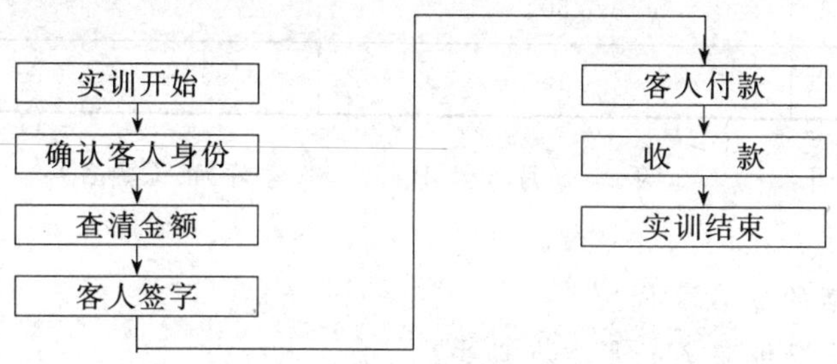

四、实训操作规范

步　骤	主　要　操　作　内　容
询　　问	礼貌询问客人的姓名、房号，请客人出示钥匙牌或房卡，从而确认此客人为住店客人
查清金额	计算客人住店期间的所有消费额，同时开列“现金结账单”
客人签字	请客人确认并签字
客人付款	收取客人支付的现金，找还零钱，严格执行“复点制”。收银员在“现金结账单”上签字后，将此单与回找零钱一起交给客人，并唱票
收　　款	收款并礼貌地同客人道别

五、服务要点

服务要点	规　范　服　务	原　因
确认客人为住店客人	礼貌询问客人的姓名、房号，请客人出示钥匙牌或房卡，从而确认此客人为住店客人	为住店客人提供服务
严格执行“复点制”	收取客人支付的现金，找还零钱，严格执行“复点制”；收银员在“现金结账单”上签字后，将此单与回找零钱一起交给客人，并唱票	保证饭店和客人利益不受损失

六、服务过程中容易出现的问题及解决途径

服务环节容易出现的问题	解　决　途　径
没有执行“复点制”	（1）员工层面：严格执行和检查 （2）管理层面：加强监督
没有在“现金结账单”上签字	

七、考核测试

组别：＿＿＿＿＿＿　姓名：＿＿＿＿＿＿　总分：＿＿＿＿＿＿

项　目	分　数	扣　分
询　问	15	
查清金额	20	

续表

项　目	分　数	扣　分
客人签字	20	
客人付款	30	
收　款	15	

考核时间：　　年　　月　　日　　考评师（签名）：________

八、讨论题

1. 如何确认客人是饭店的住店客人？
2. 给住店客人提供现金结账服务的步骤有哪些？
3. 给住店客人提供现金结账服务的注意事项有哪些？

实训项目二十七：信用卡结账服务

案例：某日李女士为客户定房一间，使用本人牡丹卡为其担保，预定时我方进行了预授权1000元的方式，李女士要求客人离店结清账务后通知并取消此笔授权。李女士的客户结账离店时，为提高效率，我收银向客人商量取消李女士的信用卡授权采用交易0.01元的方式（预授权完成结算）很快捷，李女士的客户欣然同意，并答应把单子交李女士并讲清楚。事后李女士对此事不很满意，理由：1. 未经本人同意；2. 这样操作很不严谨，使她很担心，这并不是1分钱的问题，是性质问题。

分析：虽然我们这样操作的用意是为了更好地为客人服务并提高工作效率，但在此过程中却疏忽了一个重要问题——未经本人同意。李女士说得很有道理，这并不是1分钱的问题，而是性质问题，必须引起重视。

一、实训安排

实训项目	信用卡结账服务	先按8人为一组进行讲解示范后，按每2人一组进行实际操作
实训时间	1个学时	
实训目的	使学员掌握信用卡结账服务的程序、方法和技巧	
实训要求	1. 态度热情友善，服务动作规范得体，语言应用得体 2. 记录准确，特殊要求特别记录	
实训方法	老师讲解、示范操作、指导与学生实际操作相结合	

二、实训准备

模拟前厅一间，刷卡机、电脑、纸张、相关表格等。老师先进行示范讲解，后由学员模拟操作。

三、实训操作流程

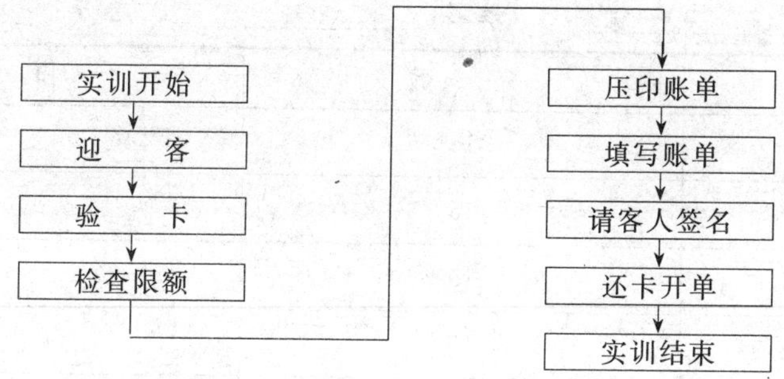

四、实训操作规范

步　骤	主　要　操　作　内　容
迎　　客	礼貌询问客人的姓名、房号，请客人出示钥匙牌或房卡，从而确认此客人为住店客人
验　　卡	查看客人的信用卡是否为本饭店所接受的种类（常见的信用卡有长城卡、牡丹卡、JOB卡、美国运通卡、维萨卡、万事达卡、大来卡等）；反光标记的状况、信用卡号码是否有改动的痕迹；检查信用卡的有效日期及适用范围；检查信用卡号码是否在被取消名单之列
检查限额	检查持卡人的消费总额是否超过该信用卡的最高限额：若超额，应向银行申请授权
压印账单	要求将信用卡上全部资料清楚地压印在账单上
填写账单	按账单上的各项要求进行填写，做到字迹清楚，数字准确
请客人签名	将账单上的名字与信用卡背面的签字进行核对，如不符，可以请客人再签一次，如果还不符可向银行查询
还卡开单	将持卡人一联连同账单各发票一起放入信封交给客人

五、服务要点

服务要点	规　范　服　务	原　因
验　　卡	查看客人的信用卡是否为本饭店所接受的种类（常见的信用卡有长城卡、牡丹卡、JOB卡、美国运通卡、维萨卡、万事达卡、大来卡等）；反光标记的状况、信用卡号码是否有改动的痕迹；检查信用卡的有效日期及适用范围；检查信用卡号码是否在被取消名单之列	辨认客人信用卡的真伪

六、服务过程中容易出现的问题及解决途径

服务环节容易出现的问题	解　决　途　径
没有做好“验卡”工作	（1）检查信用卡的安全性 （2）检查持卡人的消费总额是否超过该信用卡的最高限额

七、考核测试

组别：________ 姓名：________ 总分：________

项　　目	分　　数	扣　　分
迎　　客	15	
验　　卡	15	
检查限额	15	
压印账单	15	
填写账单	15	
请客人签名	15	
还卡开单	10	

考核时间：　　年　　月　　日　　考评师（签名）：________

八、讨论题

1. 如何做好客人信用卡的验卡工作？
2. 如何用信用卡为客人办理快速结账业务？

实训项目二十八：提前结账服务

一、实训安排

实训项目	提前结账服务	
实训时间	1个学时	先按8人为一组进行讲解示范后，按每2人一组进行实际操作
实训目的	使学员掌握提前结账的服务程序、方法和技巧	
实训要求	1. 态度热情友善，服务动作规范得体，语言应用得体 2. 记录准确，特殊要求特别记录	
实训方法	老师讲解、示范操作、指导与学生实际操作相结合	

二、实训准备

模拟前厅一间，刷卡机、电脑、纸张、相关表格等。老师先进行示范讲解，后由学员模拟操作。

三、实训操作流程

四、实训操作规范

步　骤	主　要　操　作　内　容
注明时间	在住房登记卡上注明客人提前退房时间，并在电脑系统中做上标记
保留资料	收银员在结账时，暂不把客人的资料从计算机里去掉
查核情况	客人的住房登记卡将按照所注明的退房时间放入离店夹中。收银主管每1小时1次通过计算机查核提前结账客人的离店情况
删除资料	确定客人真正离店后，并无其他消费项目尚未结清，方可把客人的资料从计算机里删除

五、服务要点

服务要点	规　范　服　务	原　因
对提前结账的客人在电脑系统中做上标记	在住房登记卡上注明客人提前退房的时间，并在电脑系统中做上标记；暂不把客人的资料从计算机里删除	保证资料的准确

六、服务过程中容易出现的问题及解决途径

服务环节容易出现的问题	解　决　途　径
结账时直接删除客人资料	在结账时，暂不把客人的资料从计算机里删除

七、考核测试

组别：________　　姓名：________　　总分：________

项　目	分　数	扣　分
注明时间	15	
保留资料	35	
查核情况	35	
删去资料	15	

考核时间：　　年　　月　　日　　考评师（签名）：________

八、讨论题

1. 如何处理提前结账客人的资料？
2. 给提前结账的客人提供服务时应注意的事项有哪些？

实训项目二十九：结账服务

一、实训安排

实训项目	结账服务	
实训时间	1.5个学时	先按8人为一组进行讲解示范后，按每2人一组进行实际操作
实训目的	使学员掌握散客及团队结账服务程序、方法和技巧	
实训要求	1. 态度热情友善，服务动作规范得体，语言应用得体 2. 记录准确，特殊要求特别记录	
实训方法	老师讲解、示范操作、指导与学生实际操作相结合	

二、实训准备

模拟前厅一间，刷卡机、电脑、纸张、相关表格等。老师先进行示范讲解，后由学员模拟操作。

三、实训操作流程

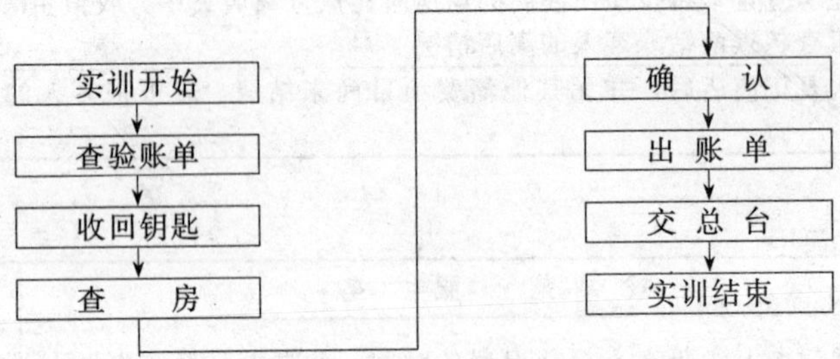

四、实训操作规范

（一）散客结账

步　骤	主 要 操 作 内 容
查验账单	根据客人提出的房号取出客人的总账单和所有附件，如赊欠凭单、优惠卡、凭单、信用卡签单等，并核对该房号客人的姓名
收回钥匙	收回客房钥匙，若客人因故暂时不能交出钥匙，应通知楼层服务员，以便他们在客人退房时向客人收回钥匙
查　房	通知楼层服务员查房，看有无东西损坏，物品是否齐全等
确　认	确认客人新近是否有消费，在电脑中查找并询问其本人，确保客人的所有消费项目都有入账
出 账 单	将客人的综合账单用电脑打出，请客人检查核对，确认无误后请其选择付款方式，按规定的服务流程结账
交 前 台	在客人的登记卡上盖上时间戳，送交前台，让其及时了解客人离店的信息，相应更正客房状态

（二）团队结账

团队结账与散客结账略有不同，应注意以下几点：

1. 在团队结账之前半小时做好相关的准备工作，将团队的账复查一遍，确认是否均按相关要求入账，所有附件是否齐全等。

2. 领队或陪同人员前来结账时，应递交账单，请他们检查并签名认可。

3. 将账单送交会计部信用组进行收款。

4. 有些费用如洗衣、长途电话、小型酒吧的酒水等需客人自付的，则由客人用现金支付。

5. 收回房卡与钥匙。

五、服务要点

服务要点	规　范　服　务	原　因
收回客人钥匙	收回客房钥匙，若客人因故暂时不能交出钥匙，应通知楼层服务员，以便他们在客人退房时向客人收回钥匙	保证客人结账后不能再进房间
团队客人的零星服务	有些费用如洗衣、长途电话、小型酒吧的酒水等需客人自付的，由客人用现金支付	不遗漏客人的任何消费，保证饭店利益

六、服务过程中容易出现的问题及解决途径

服务环节容易出现的问题	解 决 途 径
没有收回钥匙和房卡	(1) 客人结账时注意收回房间钥匙和房卡 (2) 通知楼层迅速检查客房，以免有客人的遗留物品或房间物品有丢失或损坏现象
漏掉临时消费	委婉地问明客人是否还有其他临时消费，以免漏账

七、考核测试

组别：________　姓名：________　总分：________

项　目	分　数	扣　分
查验账单	20	
收回钥匙	20	
查　房	20	
确　认	15	
出账单	15	
交总台	10	

考核时间：　　年　　月　　日　　考评师（签名）：________

八、讨论题

1. 散客结账的注意事项有哪些？
2. 如何收回散客房间的钥匙？
3. 如何计算客人在饭店的消费额？
4. 团队客人结账的步骤是什么？
5. 团队客人的零星消费如何收费？

实训项目三十：夜间审核

白天收银员忙了一整天，可能会发生错误，到了深夜工作较清闲时，必须有人对账目进行审核，确定账项记录等有无错误或遗漏，以保护饭店利益。这是夜间审核的主要任务。

夜间审核，即在一个营业日结束后，对所有发生的交易进行审核、调整、对账、计算并过入房租，统计汇总，编制夜核报表，备份数据，结转营业日期的一个过程。除了上述任务以外，夜核工作还包括：确认未到预订、检查应离未离客房、办理自动续住、解除差异房态、变更房间状态、过夜租、每日指标及营业报表等。

一、实训安排

<table>
<tr><td>实训项目</td><td>夜间审核</td><td rowspan="5">先按 8 人为一组进行讲解示范后，按每 2 人一组进行实际操作</td></tr>
<tr><td>实训时间</td><td>1.5 个学时</td></tr>
<tr><td>实训目的</td><td>使学员掌握夜间审核流程、方法和技巧</td></tr>
<tr><td>实训要求</td><td>1. 态度热情友善，服务动作规范得体，语言应用得体
2. 记录准确，特殊要求特别记录</td></tr>
<tr><td>实训方法</td><td>老师讲解、示范操作、指导与学生实际操作相结合</td></tr>
</table>

二、实训准备

模拟前厅一间，案例资料、纸张、相关表格等。教师先进行示范讲解，后由学员模拟操作。

三、实训操作流程

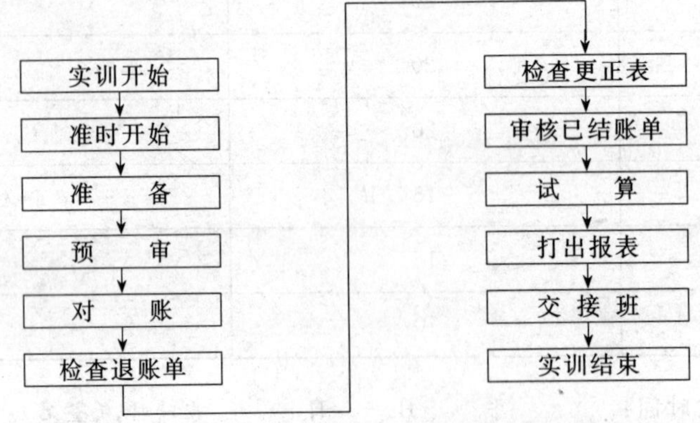

四、实训操作规范

步　骤	主要操作内容
准备开始	夜间审核员必须在晚上 11 点之前穿好工作服到达前台办公室
准　备	做好审核前的准备工作，对所要注意和清楚的事项有所了解
预　审	预审房租，打印折扣明细报表、日租报表等
对　账	与前台开房处对账，如果发现房租不符，应立即找出原因，及时更正，并做好记录
检查退账单	认真检查退账通知单上的内容，确定其是否符合退账条件
检查更正表	检查审核账务更正表
审核已结账单	检查审核已结账的账单
试　算	对当天所有的账目进行试算，确定是否平衡
打出报表	与客房部、餐饮部、商务中心等部门对账，所有数字一致后，则打印当日各部门营业收入日报表、饭店营业收入报表
交接班	做好签字、交接班工作

五、服务要点

服务要点	规　范　服　务	原　因
对　账	与前台开房处对账，如果发现房租不符，应立即找出原因，及时更正，并做好记录	保证账目的正确

六、服务过程中容易出现的问题及解决途径

服务环节容易出现的问题	解　决　途　径
审核账单	（1）检查审核账务更正表 （2）检查审核已结账的账单 （3）对当天所有的账目进行试算，确定是否平衡

七、考核测试

组别：＿＿＿＿＿＿　姓名：＿＿＿＿＿＿　总分：＿＿＿＿＿＿

项　目	分　数	扣　分
准备开始	5	
准　备	5	
预　审	10	
对　账	15	
检查退账单	10	
检查更正表	10	
审核已结账单	10	
试　算	15	
打出报表	15	
交接班	5	

考核时间：　　年　　月　　日　　考评师（签名）：＿＿＿＿＿＿

八、讨论题

1. 夜间审核的意义何在？
2. 如何才能有效地防止客人逃账？
3. 夜间审核的要点是什么？

附：本章主要表格

附一：前台收银员基本的服务技能实训检查标准

收银电脑系统检查内容，共 10 分，各项评分细则掌握如下

服务员	细　则	评分（分）	检查结果
收银员	熟悉电脑、打印机等设施的使用： 电脑、打印机等设施的使用十分熟悉 有个别细节不熟悉，但不影响对客服务 有明显不熟悉现象，在对客服务时工作效率较低 不熟悉，在使用过程中出现不知所措甚至出错	3 2.5－3 2－2.4 1.5－1.9 1.4 以下	
	熟悉收银电脑系统操作的可行性准备： 每天所需的各种纸张与表格、收费标准等十分熟悉 有个别不熟 部分表格的填写或选用纸张明显不熟悉 基本不熟悉	3 2.5－3 2－2.4 1.5－1.9 1.4 以下	
	收银电脑系统工作内容： 完全掌握，能快速进入收银电脑系统，快速屏幕切换 有个别细节不熟悉 基本掌握 不熟悉，内容生疏	2 1.8－2 1－1.7 0.5－0.9 0.4 以下	
	熟悉收银电脑系统操作程序： 收银电脑系统操作步骤十分熟悉 有个别步骤不熟悉 明显不够熟悉 基本不掌握	2 1.8－2 1－1.7 0.5－0.9 0.4 以下	
合　计		10	

使用保险箱检查内容，共 10 分，各项评分细则掌握如下

服务员	细　则	评分（分）	检查结果
提供保险箱服务员	熟悉保险箱等设施的使用： 保险箱等设施的使用十分熟悉 有个别细节不熟悉，但不影响对客服务 有明显不熟悉现象，在对客服务时工作效率较低 不熟悉，在使用过程中出现不知所措甚至出错	2 1.8－2 1－1.7 0.5－0.9 0.4 以下	
	熟悉使用保险箱操作的可行性准备： 每天所需的各种表格、收费标准等十分熟悉 有个别不熟 部分表格的填写明显不熟悉 基本不熟悉	2 1.8－2 1－1.7 0.5－0.9 0.4 以下	
	掌握使用保险箱工作内容： 完全掌握，能快速开关保险箱，填单准确无误 有个别细节不熟悉 基本掌握 不熟悉，内容生疏	2 1.8－2 1－1.7 0.5－0.9 0.4 以下	
	熟悉使用保险箱操作程序： 使用保险箱操作步骤十分熟悉 有个别步骤不熟悉 明显不够熟悉 基本不掌握	2 1.8－2 1－1.7 0.5－0.9 0.4 以下	
	对客服务效果： 客人完全满意或受到客人的表扬 客人基本满意 客人不太满意但客人没有投诉 客人不满意并且出现了客人投诉	2 1.8－2 1－1.7 0.5－0.9 0.4 以下	
合　计		10	

外币兑换服务检查内容，共 10 分，各项评分细则掌握如下

服务员	细　　则	评分（分）	检查结果
外币兑换员	熟悉验钞机等设施的使用： 验钞机等设施的使用十分熟悉 有个别细节不熟悉，但不影响对客服务 有明显不熟悉现象，在对客服务时工作效率较低 不熟悉，在使用过程中出现不知所措甚至出错	2 1.8—2 1—1.7 0.5—0.9 0.4 以下	
	熟悉外币兑换服务操作的可行性准备： 每天所需的各种表格、常见外汇率等十分熟悉 有个别不熟不够 部分表格的填写明显不熟悉 基本不熟悉	2 1.8—2 1—1.7 0.5—0.9 0.4 以下	
	掌握外币兑换服务工作内容： 完全掌握，快速有效地辨别外币真假，填单准确无误 有个别细节不熟悉 基本掌握 不熟悉，内容生疏	2 1.8—2 1—1.7 0.5—0.9 0.4 以下	
	熟悉外币兑换服务操作程序： 外币兑换服务操作步骤十分熟悉 有个别步骤不熟悉 明显不够熟悉 基本不掌握	2 1.8—2 1—1.7 0.5—0.9 0.4 以下	
	对客服务效果： 客人完全满意或受到客人的表扬 客人基本满意 客人不太满意但客人没有投诉 客人不满意并且出现了客人投诉	2 1.8—2 1—1.7 0.5—0.9 0.4 以下	
合　　计		10	

旅行支票结账检查内容，共 10 分，各项评分细则掌握如下

服务员	细　　则	评分（分）	检查结果
收银员	熟悉刷卡机等设施的使用： 刷卡机等设施的使用十分熟悉 有个别细节不熟悉，但不影响对客服务 有明显不熟悉现象，在对客服务时工作效率较低 不熟悉，在使用过程中出现不知所措甚至出错	2 1.8—2 1—1.7 0.5—0.9 0.4 以下	
	熟悉旅行支票结账服务操作的可行性准备： 每天所需的各种表格、收费标准等十分熟悉 有个别不熟 部分表格的填写明显不熟悉 基本不熟悉	2 1.8—2 1—1.7 0.5—0.9 0.4 以下	
	掌握旅行支票结账服务工作内容： 完全掌握，快速有效地辨别旅行支票真假，填单准确无误 有个别细节不熟悉 基本掌握 不熟悉，内容生疏	2 1.8—2 1—1.7 0.5—0.9 0.4 以下	
	熟悉旅行支票结账服务操作程序： 旅行支票结账服务操作步骤十分熟悉 有个别步骤不熟悉 明显不够熟 基本不掌握	2 1.8—2 1—1.7 0.5—0.9 0.4 以下	
	对客服务效果： 客人完全满意或受到客人的表扬 客人基本满意 客人不太满意但客人没有投诉 客人不满意并且出现了客人投诉	2 1.8—2 1—1.7 0.5—0.9 0.4 以下	
合　　计		10	

现金结账检查内容，共 10 分，各项评分细则掌握如下

服务员	细　　则	评分（分）	检查结果
收银员	熟悉验钞机等设施的使用： 验钞机等设施的使用十分熟悉 有个别细节不熟悉，但不影响对客服务 有明显不熟悉现象，在对客服务时工作效率较低 不熟悉，在使用过程中出现不知所措甚至出错	2 1.8—2 1—1.7 0.5—0.9 0.4 以下	
	熟悉现金结账服务操作的可行性准备： 每天所需的各种表格、收费标准、交接班、结账找零等十分熟悉 有个别不熟 部分表格的填写明显不熟悉 基本不熟悉	2 1.8—2 1—1.7 0.5—0.9 0.4 以下	
	掌握旅行支票结账服务工作内容： 完全掌握，快速有效地辨别各种现金真假，客账资料熟悉、填单准确无误 有个别细节不熟悉 基本掌握 不熟悉，内容生疏	2 1.8—2 1—1.7 0.5—0.9 0.4 以下	
	熟悉现金结账服务操作程序： 现金结账服务操作步骤十分熟悉 有个别步骤不熟悉 明显不够熟悉 基本不掌握	2 1.8—2 1—1.7 0.5—0.9 0.4 以下	
	对客服务效果： 客人完全满意或受到客人的表扬 客人基本满意 客人不太满意但客人没有投诉 客人不满意并且出现了客人投诉	2 1.8—2 1—1.7 0.5—0.9 0.4 以下	
合　　计		10	

信用卡结账检查内容，共 10 分，各项评分细则掌握如下

服务员	细　　则	评分（分）	检查结果
收银员	熟悉刷卡机等设施的使用： 刷卡机等设施的使用十分熟悉 有个别细节不熟悉，但不影响对客服务 有明显不熟悉现象，在对客服务时工作效率较低 不熟悉，在使用过程中出现不知所措甚至出错	2 1.8—2 1—1.7 0.5—0.9 0.4 以下	
	熟悉信用卡结账服务操作的可行性准备： 每天所需的各种表格、收费标准等十分熟悉 有个别不熟 部分表格的填写明显不熟悉 基本不熟悉	2 1.8—2 1—1.7 0.5—0.9 0.4 以下	
	掌握信用卡结账服务工作内容： 完全掌握，快速有效地辨别信用卡真假，填单准确无误 有个别细节不熟悉 基本掌握 不熟悉，内容生疏	2 1.8—2 1—1.7 0.5—0.9 0.4 以下	

续表

服务员	细　　则	评分（分）	检查结果
收银员	熟悉信用卡结账服务操作程序： 信用卡结账服务操作步骤十分熟悉 有个别步骤不熟悉 明显不够熟悉 基本不掌握	2 1.8—2 1—1.7 0.5—0.9 0.4 以下	
	对客服务效果： 客人完全满意或受到客人的表扬 客人基本满意 客人不太满意但客人没有投诉 客人不满意并且出现了客人投诉	2 1.8—2 1—1.7 0.5—0.9 0.4 以下	
合　计		10	

提前结账检查内容，共 10 分，各项评分细则掌握如下

服务员	细　　则	评分（分）	检查结果
收银员	熟悉刷卡机、验钞机等设施的使用： 刷卡机、验钞机等设施的使用十分熟悉 有个别细节不熟悉，但不影响对客服务 有明显不熟悉现象，在对客服务时工作效率较低 不熟悉，在使用过程中出现不知所措甚至出错	2 1.8—2 1—1.7 0.5—0.9 0.4 以下	
	熟悉提前结账服务操作的可行性准备： 对每天所需的各种表格、收费标准等十分熟悉 有个别不够熟悉 部分表格的填写明显不熟悉 基本不熟悉	2 1.8—2 1—1.7 0.5—0.9 0.4 以下	
	掌握提前结账服务工作内容： 完全掌握，快速有效地辨别信用卡与现金真假，填单准确无误 有个别细节不熟悉 基本掌握 不熟悉，内容生疏	2 1.8—2 1—1.7 0.5—0.9 0.4 以下	
	熟悉提前结账服务操作程序： 提前结账服务操作步骤十分熟悉 有个别步骤不熟悉 明显不够熟悉 基本不掌握	2 1.8—2 1—1.7 0.5—0.9 0.4 以下	
	对客服务效果： 客人完全满意或受到客人的表扬 客人基本满意 客人不太满意但客人没有投诉 客人不满意并且出现了客人投诉	2 1.8—2 1—1.7 0.5—0.9 0.4 以下	
合　计		10	

散客和团队结账检查内容，共10分，各项评分细则掌握如下

服务员	细　则	评分（分）	检查结果
收银员	熟悉刷卡机、验钞机等设施的使用： 刷卡机、验钞机等设施的使用十分熟悉 有个别细节不熟悉，但不影响对客服务 有明显不熟悉现象，在对客服务时工作效率较低 不熟悉，在使用过程中出现不知所措甚至出错	2 1.8—2 1—1.7 0.5—0.9 0.4以下	
	熟悉散客与团队结账服务操作的可行性准备： 每天所需的各种表格、收费标准等十分熟悉 有个别不熟不够 部分表格的填写明显不熟悉 基本不熟悉	2 1.8—2 1—1.7 0.5—0.9 0.4以下	
	掌握散客与团队结账服务工作内容： 完全掌握，快速有效地辨别信用卡与现金真假，填单准确无误 有个别细节不熟悉 基本掌握 不熟悉，内容生疏	2 1.8—2 1—1.7 0.5—0.9 0.4以下	
	熟悉散客与团队结账服务操作程序： 散客与团队结账服务操作步骤十分熟悉 有个别步骤不熟悉 明显不够熟悉 基本不掌握	2 1.8—2 1—1.7 0.5—0.9 0.4以下	
	对客服务效果： 客人完全满意或受到客人的表扬 客人基本满意 客人不太满意但客人没有投诉 客人不满意并且出现了客人投诉	2 1.8—2 1—1.7 0.5—0.9 0.4以下	
合　计		10	

夜间审核检查内容，共10分，各项评分细则掌握如下

服务员	细　则	评分（分）	检查结果
夜审员	熟悉夜间审核操作的可行性准备： 对每天所需审核的各种表格等十分熟悉 有个别不熟悉 部分表格的审核明显不熟悉 基本不熟悉	4 3.5—4 3—3.4 2.5—2.9 2.4以下	
	掌握夜间审核工作内容： 完全掌握，快速有效地审核各种报表，填单准确无误 有个别细节不熟悉 基本掌握 不熟悉，内容生疏	3 2.8—3 1.7—2.7 1—1.6 0.9以下	
	熟悉夜间审核操作程序： 夜间审核操作步骤十分熟悉 有个别步骤不熟悉 明显不够熟悉 基本不掌握	3 2.8—3 1.7—2.7 1—1.6 0.9以下	
合　计		10	

特殊情况处理检查内容，共10分，各项评分细则掌握如下

服务员	细　　则	评分（分）	检查结果
特殊情况处理员	熟悉特殊情况处理操作的可行性准备： 对每天可能出现的特殊情况十分熟悉，能做到心中有数 有个别情况不熟，但不影响对客服务 部分情况明显不熟悉 基本不熟悉	3 2.5—3 2—2.4 1.5—1.9 1.4以下	
	掌握特殊情况处理工作内容： 能分析特殊情况、及时有效地解决问题 有个别细节不熟悉 基本掌握 不熟悉，内容生疏	2 1.8—2 1—1.7 0.5—0.9 0.4以下	
	熟悉特殊情况处理操作程序： 特殊情况处理操作步骤十分熟悉 有个别步骤不熟悉 明显不够熟悉 基本不掌握	3 2.5—3 2—2.4 1.5—1.9 1.4以下	
	对客服务效果： 客人完全满意或受到客人的表扬 客人基本满意 客人不太满意但客人没有投诉 客人不满意并且出现了客人投诉	2 1.8—2 1—1.7 0.5—0.9 0.4以下	
合　　计		10	

注：前台收银员基本的服务技能实训检查标准总分和为100分。检查结果得90～100分者为优秀，80～90分者为良好，70～80分者为中等，60～70分者为合格，60分以下者为不合格。

附二：

押　金　收　据

押金收据 DEPOSIT VOUCHER 日期 DATE　　　号码 NO.	
住客姓名 GUEST NAME	账户号码 A/C NO. 房间号码 ROOM NO.
金额 AMOUNT	
备注 REMARKS	
宾客签名 GUEST SIGNATURE	收款人 CASHIER

宾客离店单

离 店 单
CHECK-OUT CARD

姓名：
NAME：

房号：
ROOM NO.：

日期： 时间：
DATE： TIME：

收银员：
CASHIER：

归还钥匙
KEY RETURNED
是YES□ 否NO□

提取行李时请将此单交行李员
PLEASE HAND THIS CARD TO THE BELL CAPTAIN TO COLLECT YOUR LUGGAGE

希望下次再度光顾
WE LOOK FORWARD TO YOUR NEXT STAY WITH US

谢谢
THANK YOU

饭店名称
HOTEL

宾 客 账 单

房号 ROOM No.		姓名 NAME		账号 A/C No.		备注 REMARKS	×× HOTEL 地址 ADD: 电话 TEL: 电传 TELEX: 传真 FAX:
房价 ROOM Rate		抵店日期 ARR. DATE		离店日期 DEP. DATE			

日期 DATE	借 方 DEBIT									贷方 CREDIT	余额
	房价	服务费	餐饮	洗衣	电话	电传 传真	汽车	其他	小计		

住客签名 GUEST SIGNATURE		地址 ADDRESS		钥匙请交总台 HAVE YOU RETURNED THE KEY	最终余额 LAST BALANCE IS AMOUNT DUE
付款单位 CHARGE TO					
支付方式 PAYMENT					

延长退房通知书

EXTENSION OF STAY

延长退房通知书

ROOM ____________________

房间

IS ALLOWED TO STAY

UNTIL

可停留至

AM

__________________ PM

DATE __________________

日期

FRONT OFFICE MANAGER

前厅经理

SIGNATURE __________

签名

年 月 日

逾期未离店顾客催办交接表

接待处：　　　　　　　　　　　　　　　　大堂经理：

房　号	姓　名	入住时间	接待处催办记录	AM 催办记录
		入住：___月___日 预离：___月___日		
		入住：___月___日 预离：___月___日		
		入住：___月___日 预离：___月___日		
		入住：___月___日 预离：___月___日		
		入住：___月___日 预离：___月___日		

支 款 通 知 单

PAID—OUT

支款日期：　年　月　日

DATE ____________ NO.：____________

客人姓名 GUEST NAME	房号 RM NO.	账号 ACCOUNT
支款原因 REASONS FOR PAYMENT		
支款金额（FEC、RMB）大写： AMOUNT IN WORD	¥	
备注 REMARKS		
客人签名 GUEST'S SIGNATURE		

批准人：　　　　　　　　　　　　　　经办

APPROVED BY　　　　　　　　　　　ACTED BY

同意代付转账单

____________先生/女士同意把____________先生/女士，房号____________的在本饭店消费的费用转到自己的账下，代付结清。

同意人签名____________

日期______年______月______日

前台收银员____________

日期______年___月___日

信用回扣单

REBATE VOUCHER

日期：　　年　　月　　日　　NO.：
DATE

客人姓名 GUEST NAME	房号 ROOM NO.	账号 ACCT NO.
调整前房价 ORIGINAL RENT	调整后房价 RENT ADJUSTED	
每天信用回扣 REBATE PER DAY	调整天数 DAYS ADJUSTED	信用回扣总额 AMOUNT OF REBATE
原因 REASONS		

批准人：
APPROVED BY

经办
ACTED BY

收款折扣通知单

DISCOUNT MEMO　NO.：

通知日期：
DATE

接受折扣单位：________________
TO

接受折扣人姓名：________________ 折扣理由 ________________
NAME OF RECEIVER　REASONS

折扣地点：________________ 折扣日期：________________
LOCATION　DATE

折扣项目：　□ 免收服务费；　□ 免收人民币价；　□ 减收 5%；
ITEMS　FREE OF SERVICE CHARGE　FREE OF ADD　DEDUCT 5%

□ 减收 10%；　□ 减收 15%；　□ 减收 20%；
DEDUCT 10%　DEDUCT 15%　DEDUCT 20%

其他折扣内容：________________
OTHERS

折扣批准人：________________
APPROVED BY

电脑记录调整单

日期：　　年　　月　　日

<table>
<tr><td>房号</td><td></td><td>客人姓名</td><td></td><td>账号</td><td></td></tr>
<tr><td colspan="3">调整内容</td><td colspan="2">代码</td><td>金　额</td></tr>
<tr><td colspan="3"></td><td colspan="2"></td><td></td></tr>
<tr><td colspan="3"></td><td colspan="2"></td><td></td></tr>
<tr><td colspan="3"></td><td colspan="2"></td><td></td></tr>
<tr><td>备注</td><td colspan="5"></td></tr>
</table>

批准人：　　　　　　　　　　　　　　　　经办

（本单专供无正式单据修改电脑记录之用）

旅行团队结算账单

地　址：________

开户行：________

账　号：________

序号：________单位：________人数：________

团名：________

入店：________离店：________天数：________

协议价：________美元、含餐（中、西）：________汇率：________

房费：

客人房：________间×单价：________元（　天）：________元

免费房：________间

加床房：________间×单价：________元（　天）：________元

全陪房：________间×单价：________元（　天）：________元

地陪房：________间×单价：________元（　天）：________元

其　他：________间×单价：________元（　天）：________元

其　他：________

总计金额：________元

房费调整：________餐费调整：________其他调整：________

填表人：　　　　　　　　年　　月　　日

保险箱使用登记单

<table>
<tr><td colspan="2">××饭店
×× HOTEL</td></tr>
<tr><td>日期
DATE</td><td>房间号码 ROOM NO.
使用期限 ALLOTTED TIME</td></tr>
<tr><td>宾客姓名
GUEST NAME</td><td>保险箱号码
BOX NO.</td></tr>
<tr><td>保存物品名称（详细）
ARTICLE</td><td>电话号码
CONTACT TEL NO.</td></tr>
<tr><td>保值金额（大写并注明币种）
AMOUNT</td><td>开箱记录
USE RECORD</td></tr>
<tr><td>备注
REMARKS</td><td>钥匙保管方式
KEY STORAGE WAY</td></tr>
<tr><td>宾客签名
GUEST SIGNATURE</td><td>经办人签名
CLERK SIGNATURE</td></tr>
</table>

外汇兑换水单

×× HOTEL

Foreign Exchange Voucher

外汇兑换水单

<table>
<tr><td colspan="2">Guest name：
顾客姓名：
Room No.：
房号：</td><td colspan="2">

Date：
日期：</td></tr>
<tr><td>Currency Type
外币种类</td><td>Amount
金额</td><td>Exchange Rate
汇率</td><td>RMB ¥
人民币</td></tr>
<tr><td></td><td></td><td></td><td></td></tr>
</table>

Guest Signature

顾客签名

Cashier Signature

收银员签名

Total： 合计

新开户日报表

NEW ACCOUNT DAILY REPORT

填表日期：　　年　　月　　日　　　　　　　　第　　页　共　　页

DATE　　　　　　　　　　　　　　　　　　　　PAGE　　TOTAL

序号 NO.	客人账号 ACCT NO	房号 ROOM NO	客人姓名 GUEST NAME	结算方式 TERMS OFPAYMENT	预收定金 AMOUNT
本页小计 SUB-TOTAL					
本页合计 GRAND TOTAL					

前台收银主管　　　　　　　　　　制表

F/O CASHIER SUPERVISOR　　　　PREPARED

接待情况表

年　　月　　日

房　号	人　数	房　费	国　籍	外　宾	华　侨	内　宾	台港澳同胞	备注
用　房　数								
金　　额								

客房状况表

日期＿＿＿＿＿＿ 时间＿＿＿＿＿＿

楼层＿＿＿＿＿＿　　　　　　　　　　　　　　　　姓名＿＿＿＿＿＿

房　号	住　房	退　房	空　房	待修房	备　注
合　计					

交款表

收银点：　　　　　　　　日期：　　　　　　　　班次：

票　额	人民币		港　币		美　金		其　他		备　注
	数量	金额	数量	金额	数量	金额	数量	金额	
1000 元									
500 元									
100 元									
50 元									
20 元									
10 元									
5 元									
2 元									
1 元									
0.5 元									
0.2 元									
0.1 元									

交款人：　　　　　　　　收款人：

前厅收银员明细表

CASHIER STATEMENT (DETAIL)

收银员：　　班次：　　日期：　　时间：

Cashier：　　Shift：　　Date：　　Time：

房号 Room	账号 Acc	时间 Time	单号 Reference	费用项 Charge	现金（收进）Cash	信用卡 Credit card	转账 Transfers	支票 Cheque	现金支出 Paid out
合计 Total									

前厅收银员报表

Cashier Statement

收银员：　　班次：　　日期：　　时间：

Cashier：　　Shift：　　Date：　　Time：

借方 DEBIT	金额 AMOUNT	贷方 CREDIT	金额 AMOUNT
合计 Total		合计 Total	

客房租住明细表

ROOM OCCUPANCY DETAIL SHEET

日期：　　　　　　　　　　　　　　　时间：

Date：　　　　　　　　　　　　　　　Time：

房号 Room	账号 Acc	客人姓名 Guest Name	房价 Rate	入住日期 Arrival	离店日期 departure	结算方式 Form of Payment	备注 Remarks

营业收入日报表

年　　月　　日

序号	收入项目	当日收入	本月累计收入	备注
1	客房　　　　出租率：			
2	客房微型酒吧　　出租率：			
3	客房部合计			
4	中餐厅			
5	西餐厅			
6	酒吧			
7	快餐厅			
8	餐饮部合计			
9	美容美发厅			
10	桑拿室			
11	KTV 厅			
12	娱乐部合计			
13	洗涤部			
14	汽车服务部			
15	商务中心			
16	商场部			
17	其他			
	总计			

平均房租：____________元

本日长话：____________元________________累计长话：________________元

房含早餐：____________元________________累计房含早餐：________________元

制表人：________________填表人：________________复核人：________________

附三：收银特殊情况处理

当住店客人的欠款不断增加时

（1）确认客人已经欠款，而且欠款不断增加时，及时向收银主管和信用经理报告。

（2）在欠款通知单上填妥客人房号、姓名、金额、日期等，并装入信封，交总台放入钥匙格子里，一般客人见此通知后会主动前来付款。

（3）如果客人收到欠款通知单后，仍不到收银交款，应再次填发欠款单，并向收银主管和信用经理报告。

（4）做好有关备案与记录。

当客人 A 的账由客人 B 支付时

（1）应在交接记录本上特别注明。

（2）请客人 A 和客人 B 到前台收银处。

（3）请客人 A 和客人 B 出示钥匙牌或房卡，以核对客人身份。

（4）填制“同意代付转账通知单”一式两联，请客人 B 在上面签字，收银员也要在上面签字。

（5）从收银电脑系统中调出客人 A 的账户，将客人 A 的账目全部转入客人 B 的账单上，客人 A 的账目变为零来处理。

（6）收回客人 A 的钥匙牌与房卡。

（7）与客人道别。

（8）做好有关备案与记录。

客人过了结账时间仍未结账

案例：2003 年 1 月 18 日，A 宾馆大厅人来人往，像往常一样忙碌有序。到下午，总收银台向中班 AM 反映，2215 房客人朱先生超支 907 元。AM 及总收银台均向周先生催账并送去了催账单。稍后，周先生送来一张支票放在收银台。

AM 与销售部联系，得知情况，经调查销售部认为周先生信誉态度有待观察，持保留态度，故不愿为其担保。AM 与总收银台商量后，以该账户未在防伪鉴定中心登记为由，将支票还给周先生，并要求其用现金补交。周先生称第二天上午 10 点交，并将其护照扔在总台，说他会用现金来取。鉴于其信誉度，AM 决定暂时将其在馆内的签单权改为观察级，采取内紧外松的策略，向客房部了解其房间行李情况（房间有较多行李），同时通知客房部、保安部关注该房客动向。

此后，每班 AM 均与周先生联系催账事宜，但其一直未来补交费用，上午推下午，下午推晚上，再催至第二天，一推再推，至 20 日仍未付款，此时，已超支 1500 多元。期间周先生曾经已与宾馆的长包客户某公司联系好，他的费用由该公司支付，但 AM 向该公司相关负责人确认时，得知该公司不会为其支付费用，明确表示周先生费用应由其自理。AM 将催账情况向经理作了汇报，经理肯定了 AM 的工作，并指示加大催收及监控力度。到元月 21 日，某公司老总通知 AM，周先生的费用由本公司付清，随即在周先生的相关单据上签了字。

直到周先生退房离店，宾馆员工对周先生的服务都保持了热情礼貌，服务周到，AM 还亲自送周先生离店，周先生对宾馆的优质服务表示相当的满意和感谢，并对因欠费而造成的麻烦表示了歉意。

评析：这个案例颇有些戏剧性，也反映了催账工作的复杂性。从先前事情发展的情况及走向来看，似乎本案的催账最终将以很不愉快的方式告终，但21日某公司老总一个通知，使事情有了意外的顺利结局。这一结局，很可能为宾馆留住了周先生这个老客户，尽管今后向他收账仍然可能会有很多麻烦，但毕竟还是一个可能常来入住的客户，同时，也使宾馆方面避免了一次不希望发生的特殊处理。

检视我们的员工尤其是AM在本案中的处理，应该说是很恰当的。首先，AM一直对此保持了高度的关注，每班都进行了催收。其次，AM采取了与销售部联系以求担保的办法，尽管未成功，但这是一个积极的尝试。再其次，根据事情的发展势态，AM通知客房部及保安部采取了必要的监控措施，并及时向经理作了汇报。这些措施，对事情的最后解决，应当说是起到了积极的作用。AM及其他员工在有关操作中做到了有礼有节，故尽管催收本是件不愉快的事情，客人也未表示过不满，这表明我们的员工素质还是过得硬的。

另外，本案中所采取的这些措施，都是按照宾馆有关程序规定进行的，这也反映了预先制定出具有指导性和可行性的有关制度对于宾馆工作的极端重要性。

本案也反映出一个事实，即个性化服务的客观要求实际上已经摆在了我们面前，我们面对的客人千差万别的，各有其个性，催收工作也要针对客人的不同特点进行才能收到良好的效果。现在看来，尽可能详细了解并记录客人的个性特点，及时在有关部门之间进行有效沟通，针对客人的个性特点制定出有关具体服务措施，对于宾馆工作的顺利开展，是很有益处的。

(1) 检查客人离店时间表，确定客人过了结账时间（一般为当天中午12点）仍未结账。

(2) 检查客人是否被允许推迟结账，或客人事先有无交代。

(3) 下午3点以前结账者，加收一天房费的1/3；3点到6点结账者，加收一天房费的1/2；6点以后结账的加收全天房费。

(4) 做好有关备案与记录。

有异议的费用处理程序

(1) 请客人在账单上签字，并注明什么费用没有用过，收银员将签字账单交给收银主管。

(2) 按饭店相应的章程解决。

(3) 如果客人否认某些费用时，必须找出原始单据核对签字，如果确有差错，应及时更正，并向客人道歉。

(4) 做好相关记录。

先离店后结账的处理程序

(1) 从房卡夹中取出客人住房登记卡。

(2) 按客人所要求的付款方式进行结账。

(3) 将有关结账单据及时邮寄给客人。

(4) 当客人款项入账后，做好销账、备案工作。

限额消费的客账处理程序

（1）按催收工作的原则和规程，对超限额消费的客人进行催收费用。

（2）及时向收银主管和保安部汇报。

（3）请保安部派人注意客人动态，不要让客人随意离开饭店。

（4）请客房楼层服务人员注意掌握客情，有情况变化马上报告大堂副理和收银处。

（5）扣押客人证件或其他有价值物品，限期付款直至收到欠款为止。

多房间客人结账处理程序

（1）在客人入住登记时，应在订房卡和电脑系统中特别注明，以免在结账时漏账。

（2）如果客人要求部分房间结账，应及时向主管汇报，以便改变保留房间的房价。

（3）要求客人交付一定的押金。

（4）做好相应的备案记录。

结账后费用处理程序

（1）找出客人入住登记卡。

（2）做一份收据，填上客人的有关信息，在签字栏内注明结账后费用。

（3）礼貌询问客人，并请其确认签字。

（4）按一定的支付方式结账。

逃账处理程序

（1）确定客人是否已逃账。

（2）如果客人已逃账，应及时向收银主管和信用经理报告，由他们采取适当的补救措施。

（3）将该客人列入本饭店黑名单库。

第六章　前厅问询业务与大厅服务实训

案例： 五一黄金周的一天19:40左右，总机接到一位外地客人打来的电话，他是自己驾车携家人来新昌游玩，而且已在饭店订了房，但天色已黑，不知该如何行车才能到达饭店。总机服务员自认为对本市是最熟悉不过了，于是问清客人所在的位置后，给他指了一条最便捷的行车路线。

20分钟后，这位客人打来第三个电话，说他们已经在东门大转盘了。这不是离饭店很近了吗？就算是步行，最多也就五分钟的路程，于是总机服务员不假思索地告诉客人："绕过转盘上来100米左右，在国邦大饭店门口向左一拐就看见我们饭店了！"

"上来？上哪儿来？我面前有三四条路哎，小姐！我又不是本地人，你咋拎不清呢？!"电话那头突然的呵斥声让总机服务员愣住了。两秒钟后她才反应过来，其实在那个转盘里立有一块饭店的方向指示牌，因为不是很大，客人可能没注意。于是总机服务员赶紧说了一声对不起后，提醒他注意立在转盘里面的指示牌。一经提示，客人马上就看到了指示牌，说了句"知道了"就挂了电话。

分析： 在饭店，不管是哪个岗位，能否真正做到把客人放在首位，凡事都从客人的角度去考虑，对于提高服务质量至关重要。当今饭店业处于竞争激烈的微利时代，如果饭店仍然只从自身角度出发为客人服务，而不站在客人的角度提供服务，终会被淘汰出市场。

本案例中，总机服务员一开始在为客人指路时，说了不少例如：上来、下去、向东、往西等词，这对初到陌生城市的人，而且在晚上七八点的时候，很难分清。倘若服务员能够设身处地地为客人着想，少从自己的角度或立场出发，那么就可避免客人的呵斥之声了。

所以，要为客人提供好的服务，现代饭店必须转变观念，加强对员工的培训，使员工自觉地站在客人的立场上，为宾客提供合心合意的服务。

真情才能赢得客人归！

饭店的客人来自全国乃至世界各地，在一个陌生的城市、陌生的饭店，客人必然有很多情况需要了解，很多问题需要询问，很多地方需要帮助，饭店要使客人满意，使客人感到方便，就必须为客人提供问询服务。

由于前厅是客人接触最多的饭店公共场所，所以问询处通常都设在总台。问询处的工作除了向客人提供问询服务以外，还要受理客人留言，处理客人邮件等。问讯服务包括客人查询、有关饭店内部的问讯和店外情况介绍等内容，为了向客人提供快速、准确、详细的信息服务，饭店平时应注意储存信息，问询员要熟知信息，以便给予客人准确、肯定的答复。

问询处工作人员在解答客人的各种询问时，应积极主动，仔细听，认真想，热情礼貌，回答精练，对于不能立即给予答复或客人所提问题超出知识范围时，不能生硬的使用"不行"、"不知道"等否定语中断与客人的沟通，而应主动，及时联系有关部门，给予客人适时的帮助。

大厅服务包括迎送服务、入住服务、行李服务、委托代办服务等，属于饭店前厅服务的范畴。

第一节 前厅问询业务与大厅服务实训项目安排

前厅问询业务与大厅服务实训项目包括住店客人查询、电话查询、尚未抵店或已离店客人的查询、访客留言服务、住客留言服务、进店信件服务、进店特殊邮件服务、迎接服务、送别宾客、散客入住行李服务、散客离店行李服务、团队入住行李服务、团队离店行李服务、换房行李服务、行李存取服务、饭店代表等，总实训时间为16学时。

项目分类	实训项目	实训内容	实训时间
查询服务	实训项目三十一	住店客人查询服务	1学时
	实训项目三十二	电话查询服务	1学时
	实训项目三十三	尚未抵店或已离店客人的查询服务	1学时
留言服务	实训项目三十四	访客留言服务	1学时
	实训项目三十五	住客留言服务	1学时
邮件服务	实训项目三十六	进店信件服务	1学时
	实训项目三十七	进店特殊邮件服务	1学时
大厅服务	实训项目三十八	迎接宾客服务	1学时
	实训项目三十九	送别宾客服务	1学时
	实训项目四十	散客入住行李服务	1学时
	实训项目四十一	散客离店行李服务	1学时
	实训项目四十二	团队入住行李服务	1学时
	实训项目四十三	团队离店行李服务	1学时
	实训项目四十四	换房行李服务	1学时
	实训项目四十五	行李存取服务	1学时
	实训项目四十六	饭店代表服务	1学时
总实训时间			16学时

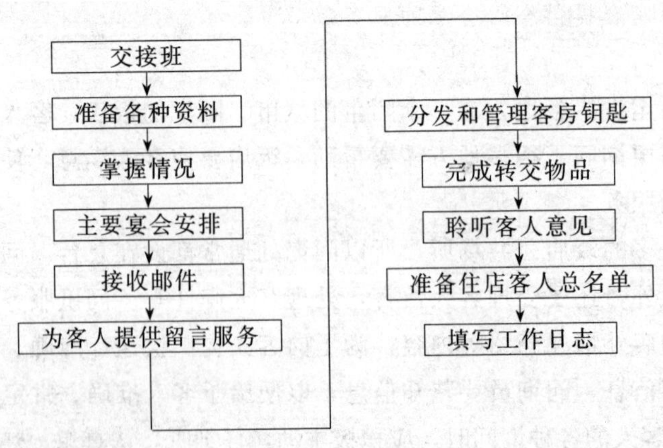

图6—1 前厅问询业务流程

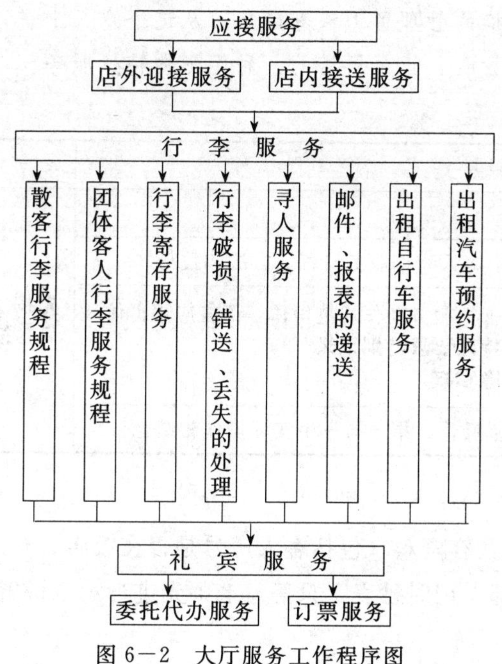

图 6－2　大厅服务工作程序图

第二节　前厅问询业务实训项目

实训项目三十一：住店客人查询服务

案例：某天，两位外宾来饭店前厅，要求协助查找一位叫柏特森的美国客人，想知道他是否在此下榻，并想尽快见到他。接待员立即进行查询，果然有位叫柏特森的先生。接待员于是接通客人房间电话，但长时间没有应答。接待员便告诉来访客人，确有这位先生住宿本店，但此刻不在房间，也没有他的留言，请来访者在大堂休息等候或另行约定。

这两位来访者对接待员的答复不太满意，并一再说明他们与柏特森先生是相识多年的朋友，要求接待员告诉他柏特森的房间号码。接待员和颜悦色地向他们解释："为了住店客人的安全，本店立有规定，在未征得住店客人同意之前，不便将房号告诉他人。两位先生远道而来，正巧柏特森先生不在房间，建议您可以给柏特森先生留言，或随时与我们联系，我们乐意随时为您服务。"

来访客人听了接待员这一席话，便写了一封信留下来。

晚上，柏特森先生回到饭店，接待员将来访者留下的信交给他，并说明为安全起见和不打扰他休息的原因，接待员没有将房号告诉来访者，敬请他原谅。柏特森先生当即表示予以理解，并表示这条规定有助于维护住店客人的权益，值得赞赏。

分析："为住店客人保密"是饭店的原则，关键在于要处理得当。这位接待员始终礼貌待客，耐心向来访者解释，并及时提出合理建议。由于解释中肯，态度和蔼，使来访者提不出异议，倒对我们饭店严格的管理留下深刻印象。从这个意义上讲，维护住店客人的切身利益，以安全为重，使客人放心，正是饭店的一种无形的特殊服务。

一、实训安排

实训项目	住店客人查询服务	备　注
实训时间	1个学时	先按8人为一组进行讲解示范后，按每2人一组进行实际操作
实训目的	使学员掌握住店客人查询服务流程、方法和技巧	
实训要求	1. 态度热情友善，服务动作规范得体，语言应用得体 2. 记录准确，特殊要求特别记录 3. 保证客人的隐私权	
实训方法	老师讲解、示范操作、指导与学生实际操作相结合	

二、实训准备

实训室一间，准备好住客资料（包括客人房号是否在饭店、有无他人来访、抵离店日期等），记录本、电话机1部、记时秒表1只等。老师先进行示范讲解，后由学员模拟操作。

三、实训操作流程

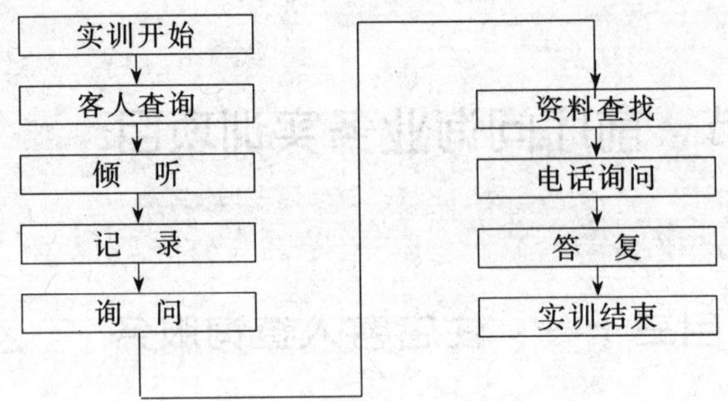

四、实训操作规范

步　骤	主要操作内容
客人查询	及时接听客人查询电话
倾　听	听清楚客人查询的主要内容
记　录	详细记录客人的问讯内容
询　问	问清客人（来访者）姓名
资料查找	对不能立即回答的问题，迅速查找资料和电脑档案
电话询问	电话询问被访者是否接受来客访问
答　复	明确答复客人的问询，对不能确定的查询，应请示上级部门

五、服务要点

服务要点	规范动作	原　因
电话询问	电话询问被访者是否接受来客访问	保护客人隐私
答复客人问讯	明确答复客人的问询，对不能确定的查询，应请示上级部门	给客人明确答复，以免浪费客人时间

六、服务过程中容易出现的问题及解决途径

服务环节容易出现的问题	解决途径
未经客人许可，直接把来访者带入客房	（1）员工层面：向客房内打电话，将某人来访的消息告诉住客，经客人同意后才能将房号告诉来访者 （2）制度层面和管理层面：严格要求和培训，提高此服务环节的有效性
注意保护客人隐私	

七、考核测试

组别：________　　姓名：________　　总分：________

项目	分数	扣分
客人查询	10	
倾听	10	
记录	20	
询问	15	
资料查找	20	
电话询问	15	
答复	10	

考核时间：　　年　　月　　日　　考评师（签名）：________

八、讨论题

1. 如何接受对住店客人的查询？
2. 在提供查询服务时应注意哪些问题？

实训项目三十二：电话查询服务

一、实训安排

实训项目	电话查询服务	备注
实训时间	1个学时	先按8人为一组进行讲解示范后，按每2人一组进行实际操作
实训目的	使学员掌握电话查询服务流程、方法和技巧	
实训要求	1. 态度热情友善，服务动作规范得体，语言应用得体 2. 记录准确，特殊要求特别记录 3. 保证客人的隐私权	
实训方法	老师讲解、示范操作、指导与学生实际操作相结合	

二、实训准备

实训室一间，住客及团队资料、记录本、电话机1部、记时秒表1只等。老师先进行示范讲解，后由学员模拟操作。

三、实训操作流程

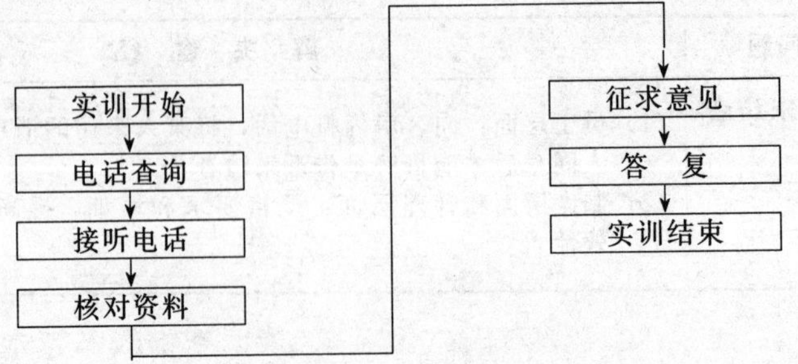

四、实训操作规范

步　骤	主要操作内容
接听电话并核对资料	(1) 必须问清客人姓名的每一个字，分清易混的姓 (2) 仔细核对英语姓名，区别易读错的字母，如P—T，S—F，C—Z等 (3) 注意普通话与广东话拼写的区别，以及华侨、外籍华人使用英文名字和汉语拼音的姓氏情况。如梁—LEUN，李—LEE，陈—TAN (4) 团队客人的问讯电话，应问清国籍、旅行团名称、何时到店等
征求意见	(1) 查询到客人房间时，应征求客人是否愿意接听电话，住客同意才可转接电话 (2) 如住客外出或房中无人接听，可建议客人留言或稍后再打电话
答　复	(1) 客人问及房价时，应在电话中做好推销工作

五、服务要点

服务要点	规范动作	原　因
电话询问	电话询问被访者是否接受来客访问	保护客人隐私
答复客人问讯	明确答复客人的问询，对不能确定的查询，应请示上级部门	给客人明确答复，以免浪费客人时间

六、服务过程中容易出现的问题及解决途径

服务环节容易出现的问题	解决途径
未经客人许可，直接把电话转接入客房	(1) 员工层面：向客房内打电话，将某人打电话的消息告诉住客，经客人同意后才能将电话转接入客房 (2) 制度层面和管理层面：严格要求和培训，提高此服务环节的有效性
不注意保护客人隐私	

七、考核测试

组别：＿＿＿＿＿　姓名：＿＿＿＿＿　总分：＿＿＿＿＿

项　目	分　数	扣　分
电话查询	15	
接听电话	25	
核对资料	25	
征求意见	20	
答　复	15	

考核时间：　　年　　月　　日　　考评师（签名）：＿＿＿＿＿

八、讨论题

1. 如何处理团队客人的问讯电话？
2. 转接电话时的注意事项有哪些？
3. 如客人外出或不在房间，应如何处理？

实训项目三十三：尚未抵店或已离店客人的查询服务

一、实训安排

实训项目	尚未抵店或已离店客人的查询服务	备　注
实训时间	1个学时	先按8人为一组进行讲解示范后，按每2人一组进行实际操作
实训目的	使学员掌握未抵店或已离店客人查询服务流程、方法和技巧	
实训要求	1. 态度热情友善，服务动作规范得体，语言应用得体 2. 做好记录 3. 保证客人隐私权 4. 按顺序查找客人资料	
实训方法	老师讲解、示范操作、指导与学生实际操作相结合	

二、实训准备

实训工具订房表、预计抵店名单、结账客人名单、客史档案、订房表、记录本、计时秒表1只等。老师先进行示范讲解，后由学员模拟操作。

三、实训操作流程

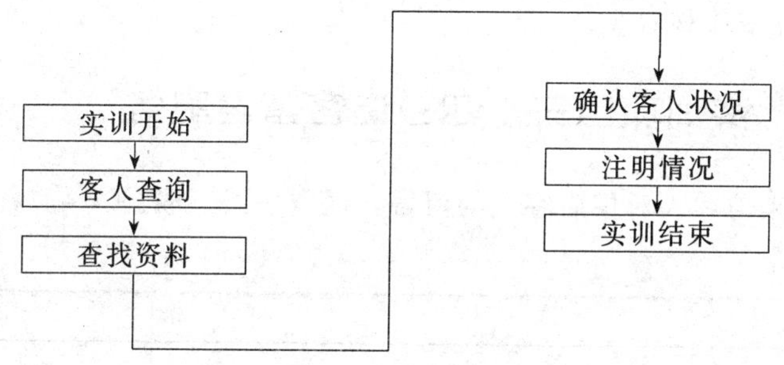

四、实训操作规范

步　骤	主要操作内容
客人查询	确定客人查询内容并准确记录
查找资料	（1）查当天抵店客人的订房表，或当日预计抵店客人名单 （2）查当天结账客人名单 （3）从客史档案卡中查找，看客人是否曾住店，但已离店 （4）从以后的订房表中查找，看客人是否将会入住
处理办法	（1）客人尚未到达，请对方在客人预计到达日期再来询问 （2）客人已退房，则向对方说明情况 看客人委托或留言，则告知对方客人离店后的去向和地址 看客人无委托或留言，则对客人行踪予以保密

五、服务要点

服务要点	规范动作	原因
确认客人是否住店	(1) 查当天抵店客人的订房表，或当日预计抵店客人名单 (2) 查当天结账客人名单 (3) 从客史档案卡中查找，看客人是否曾住店，但已离店 (4) 从以后的订房表中查找，看客人是否将会入住	确保信息准确

六、服务过程中容易出现的问题及解决途径

服务环节容易出现的问题	解决途径
未经客人许可，直接把客人的行踪告诉其他人	(1) 客人尚未到达，请对方在客人预计到达日期再来询问 (2) 客人已退房，则向对方说明情况
注意保护客人隐私	看客人委托或留言，则告知对方客人离店后的去向和地址；看客人无委托或留言，则对客人行踪予以保密

七、考核测试

组别：＿＿＿＿＿＿　　姓名：＿＿＿＿＿＿　　总分：＿＿＿＿＿＿

项目	分数	扣分
客人查询		
查找资料		
确认客人状况		
注明情况		

考核时间：　　年　　月　　日　　考评师（签名）：＿＿＿＿＿＿

八、讨论题

1. 如何查找住店客人信息？
2. 如何保证客人行踪的秘密？

实训项目三十四：访客留言服务

“访客留言”是指来访客人对住店客人的留言，通常一式三联。

一、实训安排

实训项目	访客留言服务	备注
实训时间	1 个学时	先按 8 人为一组进行讲解示范后，按每 2 人一组进行实际操作
实训目的	使学员掌握访客留言服务的流程、方法和技巧	
实训要求	1. 态度热情友善，服务动作规范得体，语言应用得体 2. 做好详细记录 3. 快速、准确 4. 对不能确认是否住在本店的客人，或是已退房离店的客人，除非客人委托，否则不接受房客留言。	
实训方法	老师讲解、示范操作、指导与学生实际操作相结合	

二、实训准备

实训工具有访客留言单、住店客人资料、计时表 1 只等。教师先进行示范讲解，后由学员模拟操作。

三、实训操作程序

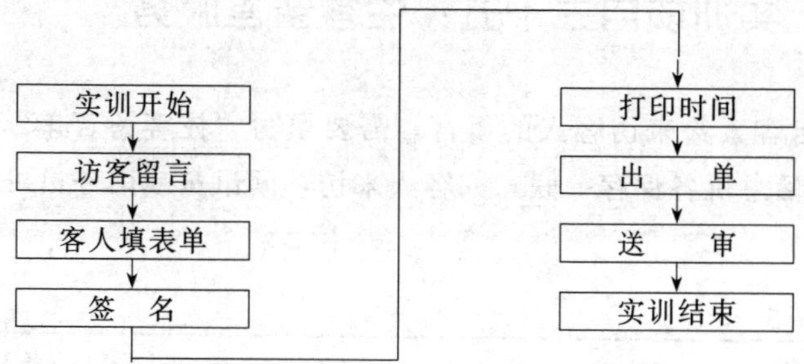

四、实训操作规范

步　　骤	主要操作内容
访客留言	1. 被访的住店客人不在饭店时，主动建议留言
客人填写、签名	2. 由客人填写留言单，问讯员签名；或由客人口述，问讯员记录，然后客人过目签名
出单并送审	3. 留言单一式三联，第一联放钥匙架上；第二联送总机，由总机开启客房电话机上的留言指示灯；第三联系行李员从客房门下送入客房

五、服务要点

服务要点	规　范　动　作	原　　因
填写留言单	由客人填写留言单，问讯员签名；或由客人口述，问讯员记录，然后客人过目签名	确保信息准确

六、服务过程中容易出现的问题及解决途径

服务环节容易出现的问题	解　决　途　径
访客留言的处理 留言传递的基本要求：迅速、准确	（1）开启被访者客房的留言灯，将访客留言单的第一联放入钥匙、邮件架；第二联送总机；第三联由行李员从客房门下送入客房 （2）晚上留言灯未关闭，则应通过电话与客人联系，将留言的内容告诉客人

七、考核测试

组别：__________　姓名：__________　总分：__________

项　　目	分　　数	扣　　分
访客留言	15	
客人填写	20	
问讯员签名	20	
打印时间	15	
出　　单	15	
送　　审	15	

考核时间：　　年　　月　　日　　考评师（签名）：__________

八、讨论题

1. 如何正确填写留言单？
2. 如何正确处理留言单？

实训项目三十五：住客留言服务

“住客留言”是住店客人给来访客人的留言，需要填写“住客留言单”。“住客留言单”一式二联，问讯组、电话总机各保存一联。如客人来访，问讯员或话务员可将留言的内容转告来访者。

一、实训安排

实训项目	住客留言服务	备　注
实训时间	1个学时	
实训目的	使学员掌握住客留言服务的流程、方法和技巧	
实训要求	1. 态度热情友善，服务动作规范得体，语言应用得体 2. 做好详细记录 3. 快速、准确 4. 注意有效时间	先按8人为一组进行讲解示范后，按每2人一组进行实际操作
实训方法	老师讲解、示范操作、指导与学生实际操作相结合	

二、实训准备

实训工具有住客留言、记时表1只等。老师先进行示范讲解，后由学员模拟操作。

三、住客留言程序

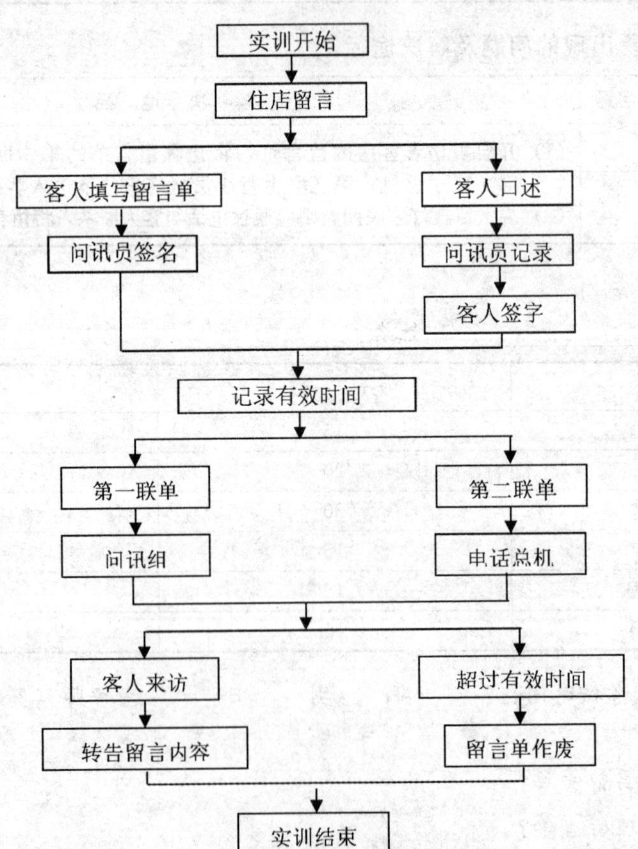

四、实训操作规范

步 骤	主要操作内容
住店留言	(1) 住店客人留言
客人填写或客人口述	(2) 由客人填写留言单、问讯员签名，或由客人口述，问讯员记录，然后由客人签字 (3) 留言单一式二联，问讯组、电话总机各保存一联 (4) 访客来访，告之留言内容
记录有效时间	(5) 超过留言单有效时间，将留言单作废

五、服务要点

服务要点	规 范 动 作	原 因
填写留言单	由客人填写留言单，问讯员签名；或由客人口述，问讯员记录，然后客人过目签字	确保信息准确
留言单有效时间	超过留言单有效时间，将留言单作废	留言单的有效期

六、服务过程中容易出现的问题及解决途径

服务环节容易出现的问题	解 决 途 径
住客留言的处理不及时	(1) 超过留言单有效时间，将留言单作废 (2) 注意掌握事情的要点，做好记录，填写留言卡，并向对方复述一遍，得到对方的确认
留言信息的不准确	

七、考核测试

组别：________ 姓名：________ 总分：________

项 目	分 数	扣 分
住店留言	10	
客人填写或客人口述	20	
问讯员签名或问讯员记录	20	
客人签字	15	
记录有效时间	15	
第一联单	10	
第二联单	10	

考核时间： 年 月 日 考评师（签名）：________

八、讨论题

1. 如何填写“住客留言单”？

2. 超过“住客留言单”有效期的应如何处理？

实训项目三十六：进店信件服务

案例： 某日S市的某饭店总服务台收到一封从邻近省市某工厂企业寄来的一封平信，信

封上写明："请速转住店客人李××收。"在信封左下角用括号加注了一行字："台湾李先生日内由香港中转到大陆入住你店。"

总台值班服务员认为这是一封平信，思想上未引起重视，随手把信放在柜台后面的信架上，在与另外的值班服务员交接班时忘记交代此事，时间一长，这封信便成了一封"死信"。

外地工厂来信的原由是这样：台湾李先生拟专程来祖国大陆与该厂谈判合资办厂问题，事先用图文传真告知该厂他到祖国大陆S市的日期和所住饭店（包括地址）以及他到达该厂的大约日期。厂方接到传真以后，考虑到谈判代表恰巧到S市办公事，于是发电传到台湾，希望李先生在S市等厂方代表就地谈判，谁知李先生已离台湾去香港了，电传内容无法知悉，厂方不放心，在李先生尚未到达S市以前，寄出一封平信，认为S市的饭店会负责及时转交给李先生的。

事与愿违。李先生在S市逗留了一个晚上，在入住登记和离店时当然不会注意到信架上会有给自己的信，而且更不可能主动向饭店总台询问此事。正是无巧不成书，就在李先生离S市乘火车的途中，厂方的代表却坐在行驶方向恰恰相反的火车上，直到最后只好到S市打电话回厂向台湾的李先生赔不是，请他折回S市，折腾了一番。

分析：为客人递送信件是饭店基本的服务项目。饭店不仅要重视电报、电传、挂号信件，对于那些普通信件也不可掉以轻心。

台湾李先生匆匆往返于S市与邻近省市工厂之间，平白地浪费了时间和精力，还不算经济上的花费损失，看来S市的饭店应该负主要责任！

目前国内外的大饭店都设有专职邮电员，工作职责是处理邮件、电报、电传、包裹、信件等。当他接到限时邮件时不管是电报也好，还是上述案例中的一封平信也一样，应当立即用电话通知，或利用广播或其他方法找到客人，如果客人不在饭店内，等客人一回来或一到饭店就立刻把邮件交给客人。

上述案例中的S市饭店没有设置专职邮电员，也同样应该做好邮件登记和客人签收工作。总台值班服务员的交接班应交接好包括信件在内的相关物品，使李先生在办理住店登记手续时，能亲自取到那封平信。

一、实训安排

实训项目	进店信件服务	备　注
实训时间	1个学时	先按8人为一组进行讲解示范后，按每2人一组进行实际操作
实训目的	使学员掌握进店信件服务的流程、方法和技巧	
实训要求	1. 态度热情友善，服务动作规范得体，语言应用得体 2. 做好记录 3. 快速、准确	
实训方法	老师讲解、示范操作、指导与学生实际操作相结合	

二、实训准备

实训工具有信件若干、记录本、记时表1只等。老师先进行示范讲解，后由学员模拟操作。

三、实训操作程序

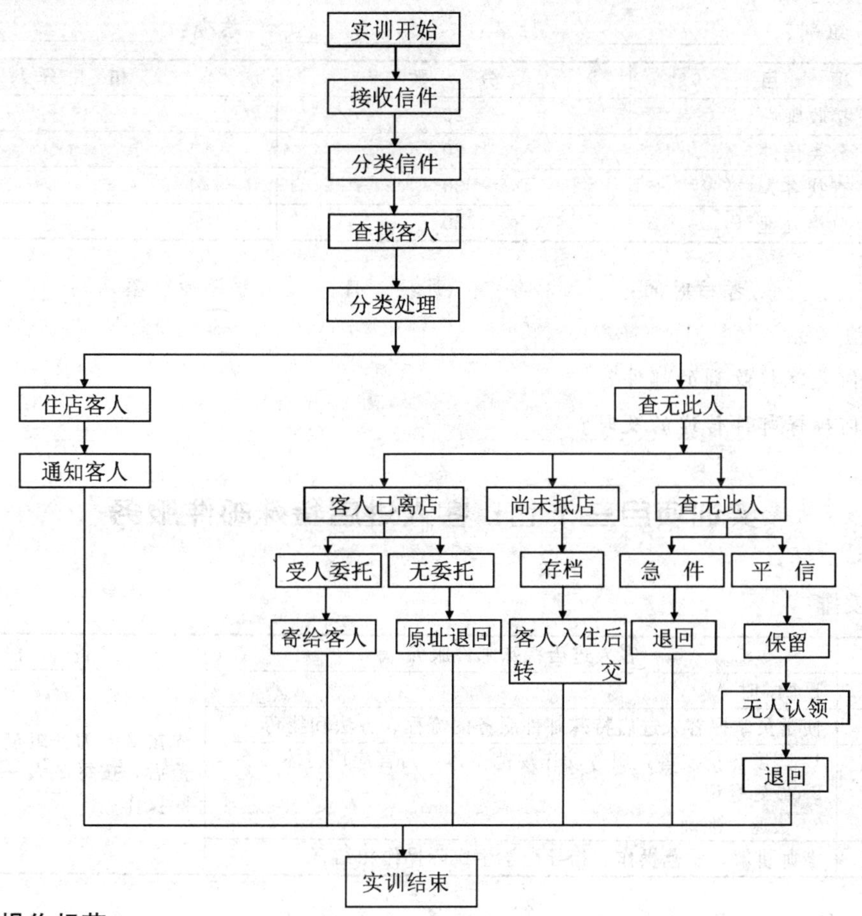

四、实训操作规范

步　骤	主要操作内容
接收信件	接收信件
分类信件	将收到的信件，按类别分类
查找客人	查找到客人后尽快将信件传递给客人
分类处理	如查无此人或客人已离店，则按不同情况进行分类处理

五、服务要点

服务要点	规　范　动　作	原　因
邮件分类	将收到的信件，按类别分类	便于处理
查找客人	查找客人，查找到客人后尽快将信件传递给客人	保证邮件转递的及时

六、服务过程中容易出现的问题及解决途径

服务环节容易出现的问题	解　决　途　径
邮件的处理	(1) 分类信件，将收到的信件，按类别分类 (2) 查找客人，查找到客人后尽快将信件传递给客人 (3) 分类处理，如查无此人或客人已离店，则按不同情况进行分类处理
确保邮件传递的及时性	

七、考核测试

组别：________ 姓名：________ 总分：________

项 目	分 数	扣 分
接收邮件	20	
分类信件	20	
查找客人	30	
分类处理	30	

考核时间： 年 月 日 考评师（签名）：________

八、讨论题

1. 如何处理接收到的邮件？
2. 如何确保邮件传递的及时？

实训项目三十七：客人进店特殊邮件服务

一、实训安排

实训项目	客人进店特殊邮件服务	备 注
实训时间	1 个学时	先按 8 人为一组进行讲解示范后，按每 2 人一组进行实际操作
实训目的	使学员掌握客人进店特殊邮件服务的流程、方法和技巧	
实训要求	1. 态度热情友善，服务动作规范得体，语言应用得体 2. 做好登记 3. 快速、准确	
实训方法	老师讲解、示范操作、指导与学生实际操作相结合	

二、实训准备

实训工具有特殊邮件、记录本、住客邮件递送登记本、记时表 1 只等。老师先进行示范讲解，后由学员模拟操作。

三、实训操作流程

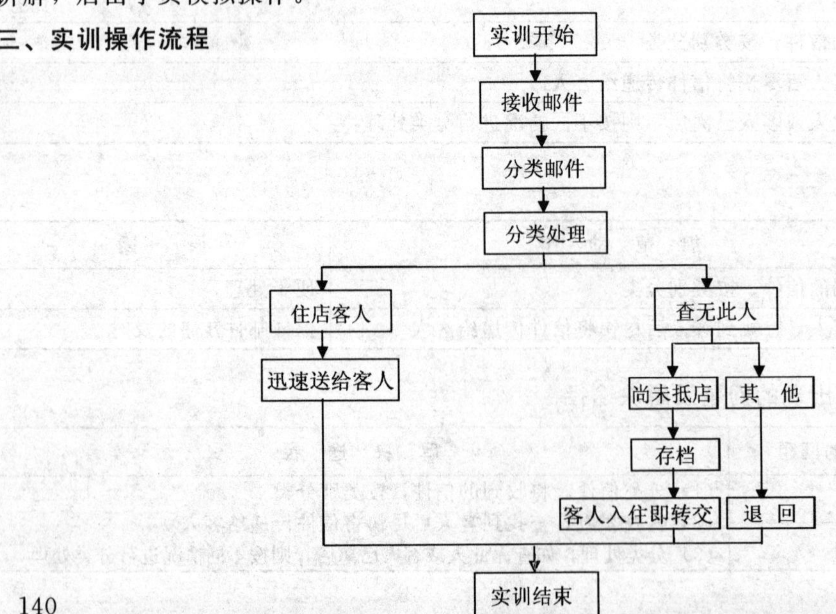

四、实训操作规范

步　　骤	主要操作内容
接收邮件	接收信件
分类邮件	将收到的信件，按类别分类
迅速送给客人	尽快查找到客人，迅速送给客人
尚未抵店或其他	存档，客人入住后速转交，客人无入住则将邮件退回

五、服务要点

服务要点	规　范　动　作	原　　因
邮件分类	将收到的信件，按类别分类	便于处理
查找客人	查找客人，查找到客人后尽快将信件传递给客人	保证邮件传递的及时

六、服务过程中容易出现的问题及解决途径

服务环节容易出现的问题	解　决　途　径
邮件的处理	（1）分类信件，将收到的信件，按类别分类 （2）查找客人，尽快查找到客人 （3）迅速送给客人 （4）存档，客人入住店转交或退回
确保邮件传递的及时性	

七、考核测试

组别：__________　　姓名：__________　　总分：__________

项　　目	分　　数	扣　　分
接收邮件	15	
分类邮件	15	
分类处理	20	
迅速送给客人	10	
尚未抵店或其他	10	
存　　档	15	
客人入住即转交或退回	15	

考核时间：　　年　　月　　日　　考评师（签名）：__________

八、讨论题

1. 如何处理接收到的邮件？

2. 如何确保邮件传递的及时？

第三节 大厅服务实训项目

实训项目三十八：迎接宾客服务

一、实训安排

实训项目	迎接宾客服务	备　注
实训时间	1 个学时	先按 8 人为一组进行讲解示范后，按每 2 人一组进行实际操作
实训目的	使学员掌握迎接宾客服务流程、方法和技巧	
实训要求	1. 态度热情友善，服务动作规范得体，语言应用得体 2. 区别不同客人给予针对性服务	
实训方法	老师讲解、示范操作、指导与学生实际操作相结合	

二、实训准备

实训工具视情况而定。老师先进行示范讲解，后由学员模拟操作。

三、实训操作流程

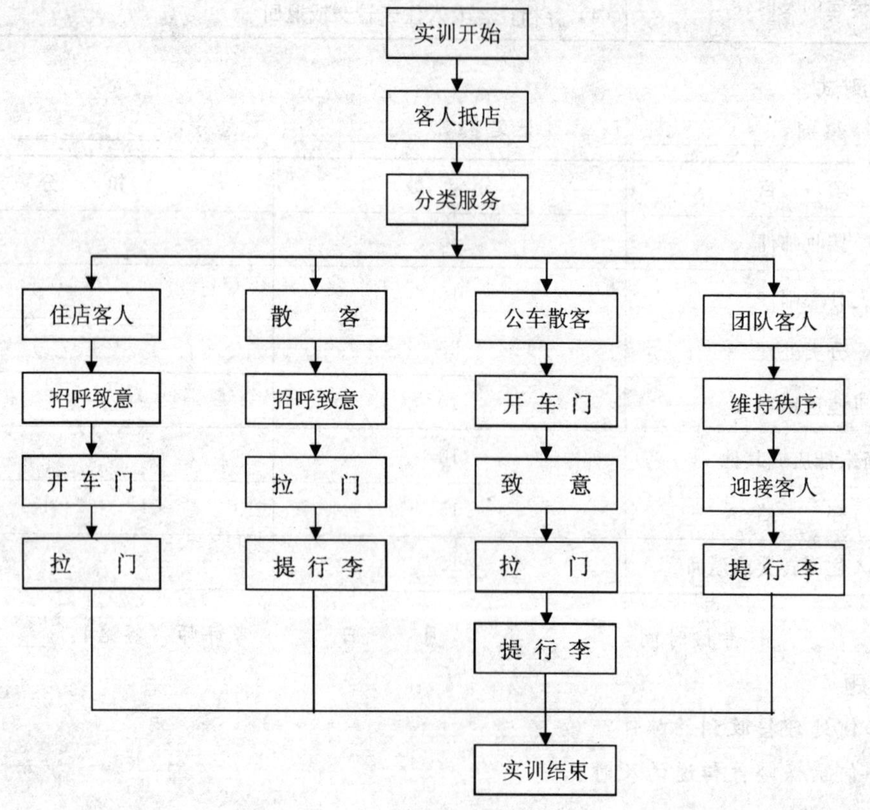

四、实训操作规范

步　骤	主要操作内容
分类服务	区别不同类型客人，给予针对性服务
招呼致意	向客人招呼致意
开 车 门	为客人开车门，方便客人
提 行 李	为客人提行李

五、服务要点

服务要点	规　范　动　作	原　　因
开车门动作要求	一只手放在车门上方，并提醒客人“小心碰头”。护顶要考虑佛教与穆斯林的宗教习惯。注意扶老携幼	客人出车门时有可能不小心碰到车顶
记住车牌号	记住客人所乘出租车牌号，并将号码转交给客人	以防客人物品丢失

六、服务过程中容易出现的问题及解决途径

服务环节容易出现的问题	解　决　途　径
不正确的开门顺序和开门方式导致客人不满	一只手放在车门上方，并提醒客人“小心碰头”。护顶要考虑佛教与穆斯林的宗教习惯。注意扶老携幼

七、考核测试

组别：＿＿＿＿＿＿　　姓名：＿＿＿＿＿＿　　总分：＿＿＿＿＿＿

项　　目	分　　数	扣　　分
客人抵店	15	
分类服务	25	
招呼致意	15	
维持秩序	15	
开 车 门	15	
提 行 李	15	

考核时间：　　　年　　月　　日　　　考评师（签名）：＿＿＿＿＿＿

八、讨论题

1. 如何给客人开车门？

2. 如何区别不同类型客人，给予针对性服务？

实训项目三十九：送别宾客服务

一、实训安排

实训项目	送别宾客服务	备　　注
实训时间	1个学时	先按8人为一组进行讲解示范后，按每2人一组进行实际操作
实训目的	使学员掌握送别宾客服务的流程、方法和技巧	
实训要求	1. 态度热情友善，服务动作规范得体，语言应用得体 2. 感激客人光临饭店	
实训方法	老师讲解、示范操作、指导与学生实际操作相结合	

二、实训准备

饭店适宜场所，门卫服装一套、小汽车1辆、记时表1只等。老师先进行示范讲解，后由学员模拟操作。

三、实训操作流程

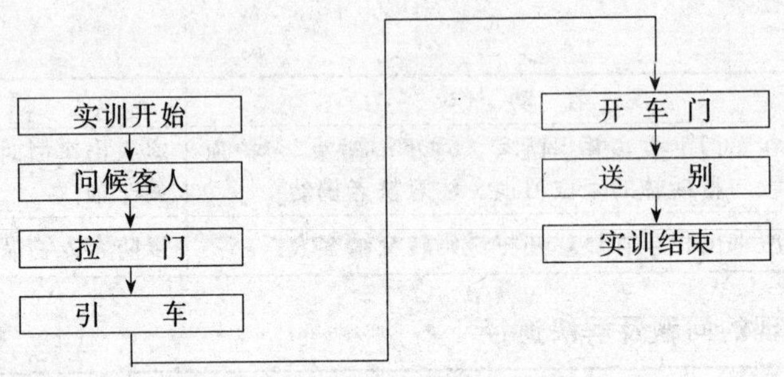

四、实训操作规范

步　骤	主要操作内容
拉　门	向客人招呼，准确及时地为客人拉开饭店正门，自动门或旋转门则不必；如果客人行李多，应协助行李员
引　车	对乘车离店的客人，应把车引导至便于客人上车而又不妨碍装行李的位置
开车门	对乘车散客，等车停稳后拉开车门，护顶，请客人上车。等客人坐稳后再关车门，注意不要夹住客人的衣、裙、手等。护顶要考虑佛教徒与穆斯林的宗教习惯；对团队客人，应站在车门一侧，一边点头致意，一边注意客人上车过程，协助行动不便者上车
送　别	对普通散客，在拉门时说“再见，一路顺风”；对坐车散客，站在汽车前方0.8－1米处，挥手向客人告别，目送客人以示礼貌，并说“再见，欢迎您再来”或“一路顺风”；对团队客人，站在车的斜前方1－1.5米处，向客人挥手道别，目送客人离店

五、服务要点

及时引车	规　范　动　作	原　　因
开车门动作要求	一只手放在车门上方，并提醒客人“小心碰头”，护顶要考虑佛教徒与穆斯林的宗教习惯。同时注意扶老携幼	客人出车门时有可能不小心碰到车顶
目送客人离店	挥手向客人告别，目送客人以示礼貌	对客人礼貌，争取回头客

六、服务过程中容易出现的问题及解决途径

服务环节容易出现的问题	解　决　途　径
未等车离开即转身引起客人不满	饭店员工得微笑着目视客人车辆离开视线范围以外才能转身
客人长久等车	1. 让客人排队，按顺序上车 2. 及时了解客人对车辆的需求情况

七、考核测试

组别：__________　姓名：__________　总分：__________

项　目	分　数	扣　分
客人离店	15	
拉　门	15	
引　车	20	
开车门	25	
送　别	25	

考核时间：　　年　　月　　日　　考评师（签名）：__________

八、讨论题

1. 如何给客人拉车门？
2. 送别客人时应注意哪些问题？

实训项目四十：散客入住行李服务

一、实训安排

实训项目	散客入住行李服务	备　注
实训时间	1个学时	先按8人为一组进行讲解示范后，按每2人一组进行实际操作
实训目的	使学员掌握散客入住行李服务流程、方法和技巧	
实训要求	1. 态度热情友善，服务动作规范得体，语言应用得体 2. 不丢失、损坏行李 3. 迅速准确	
实训方法	老师讲解、示范操作、指导与学生实际操作相结合	

二、实训准备

模拟前厅一间，行李员服装，行李箱若干，记时表1只等。老师先进行示范讲解，后由学员模拟操作。

三、实训操作流程

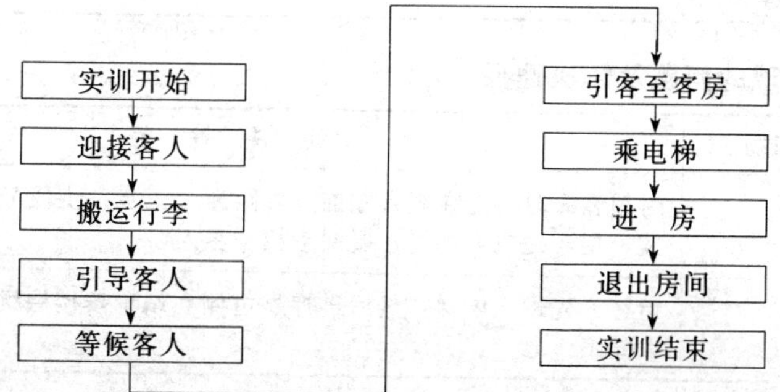

四、实训操作规范

步　骤	主要操作内容
迎接客人	客人乘车抵店时，行李员主动上前迎接，向客人表示欢迎。客人下车后，迅速卸下行李，请客人清点行李件数并检查行李有无破损
搬运行李	行李件数少，可用手提；行李多，使用行李车。对客人的贵重物品及易碎品，如相机、手提包等，不必主动提拿；若客人要求，则应特别小心，防止破损和丢失。装行李车时，注意大件行李和重的行李应放在下面；小的、轻的行李放在上面，并注意易碎及不能倒置的行李的摆放
引导客人	引导客人进入前厅，到总台登记入住；引领客人时，走在客人左前方，距离二三步，步伐节奏与客人保持一致，拐弯处或人多时，要回头招呼客人
等候客人	引领客人到接待处后，取下行李，站在前台边侧客人身后 1.5 米处，等候客人办理住宿登记手续
引客至客房	客人办完入住登记手续后，主动上前从接待员手中领取房间钥匙，帮助客人提行李，引领客人到客房；途中热情主动地问候客人，向客人介绍饭店服务项目和设施
乘电梯	引领客人到达电梯口时，放下行李，按电梯按钮；当电梯门打开时，用一只手扶住电梯门，请客人先进电梯，然后进梯靠边侧立站着按楼层键；出梯时，请客人先出，然后继续引领客人到房间
进房间	到达房间门口，要先按门铃或敲门，房内无反应再用钥匙开门；开门后，立即打开电源总开关、退至房门一侧，请客人先进房间；将行李放在行李架上或按客人吩咐放好，钥匙交还客人；放好行李后，简要介绍房内主要设施及使用方法，如客人以前曾入住过本店，则不必介绍；注意行李车不能推进房间；如出现房间有客人的行李或房间未整理，或是客人对房间不满意，应立即致歉，并与前台联系，为客人换房
退出房间	房间介绍完毕后，征求客人是否有吩咐；客人无其他要求时，即向客人道别，并祝客人在本店住得愉快，迅速离开，将房门轻轻拉上；离开房间后，迅速走员工通道返回前厅；填写散客人住行李搬运记录

五、服务要点

服务要点	规　范　动　作	原　　因
引领客人	引领客人时，走在客人左前方，距离二三步，步伐节奏与客人保持一致，拐弯处或人多时，要回头招呼客人	客人不熟悉饭店布局，应在客人前方带路
客人办理登记时	站在前台边侧客人身后 1.5 米处，等候客人办理住宿登记手续	帮助客人照看行李
乘电梯	请客人先进入电梯，然后进梯靠边侧立站着按楼层键；出梯时，请客人先出	对客人的尊重

六、服务过程中容易出现的问题及解决途径

服务环节容易出现的问题	解　决　途　径
引领客人	引领客人时，走在客人左前方，距离二三步，步伐节奏与客人保持一致，拐弯处或人多时，要回头招呼客人
乘电梯	请客人先进入电梯，然后进梯靠边侧立站着按楼层键；出梯时，请客人先出

七、考核测试

组别：______ 姓名：______ 总分：______

项　　目	分　数	扣　分
迎接客人	10	
搬运行李	15	
引导客人	10	
等候客人	10	
引客至客房	10	
乘电梯	15	
进　房	15	
退出房间	15	

考核时间：　　年　　月　　日　　考评师（签名）：______

八、讨论题

1. 如何引领客人进房间？
2. 乘电梯时，服务人员应该怎么做？
3. 进入房间后，服务人员如何给客人介绍？

实训项目四十一：散客离店行李服务

案例：一位住店客人准备离店，行李员接到通知，立刻到该客人房间取走3件行李，推送至前厅行李间，随后扎上行李牌，等待客人前来点收。

客人很快结好账。行李员看到客人已转身朝他走来，便请客人清点行李。客人朝行李打量时，好像忽然发现了什么。他颇为不悦地指着一只箱子说："这只箱子上的小轱辘被你碰掉了，我要你们饭店负责！"

行李员听罢感到很委屈，辩解道："我到客房取行李时，您为什么不讲清楚？这只箱子原来就是坏的，我在运送时根本没有碰撞过呀。"

客人一听火冒三丈"明明是你弄坏的，自己不承认还反咬我一口，我要向你的上司投诉"。

这时前厅值班经理听到有客人在发脾气，马上走来向客人打招呼，耐心听取客人的指责，同时仔细观察了箱子受损的痕迹，向行李员询问了操作的全过程，然后对客人说："我代表饭店向您表示歉意，这件事自然应该由本店负责，请您提出赔偿的具体要求。"

客人听了这话，正在思索该讲些什么的时候，前厅值班经理接着说："由于您及时让我们发觉了服务工作中的差错，我们非常感谢您！"

客人此时感到为了一只小轱辘没有必要小题大做，于是不再吭声。前厅值班经理抓住时机顺水推舟，和行李员一起送客人上车，彼此握别。一桩行李受损的“公案”便这么轻而易举地解决了。

分析：本例中前厅值班经理的做法是十分明智的，他在没有搞清楚箱子究竟如何受损的真相之前，就果断地主动向客人表示愿意承担责任的态度，这是由于：

第一，行李员到客房内取行李时没有查看行李是否完好无损，也没有当场绑上行李牌请客人核对行李件数，而是到了行李间才这么做。

第二，在行李员已经和客人争辩了起来时，这样做有助于缓和气氛，避免矛盾激化。

第三，前厅值班经理懂得，如果把“对”让给客人，把“错”留给自己，在一般情况下，客人不会得寸进尺。相反，如果值班经理也是头脑发热，硬要和客人争个是非曲直的话，那后果是不言而喻的。

以上所述事情既然已经发生，那么谁是谁非的结论恐怕难以争得明白，或许也不存在谁是谁非的问题。相反，客人越是“对”了，饭店的服务也就越能使客人满意。从这个意义上来理解，客人和饭店大家都“对”了。

一、实训安排

实训项目	散客离店行李服务	备　注
实训时间	1个学时	先按8人为一组进行讲解示范后，按每2人一组进行实际操作
实训目的	使学员掌握散客离店行李服务流程、方法和技巧	
实训要求	1. 态度热情友善，服务动作规范得体，语言应用得体 2. 不丢失、损坏行李 3. 迅速准确	
实训方法	老师讲解、示范操作、指导与学生实际操作相结合	

二、实训准备

模拟前厅一间，行李员服装、行李箱若干、记时表1只等。老师先进行示范讲解，后由学员模拟操作。

三、实训操作流程

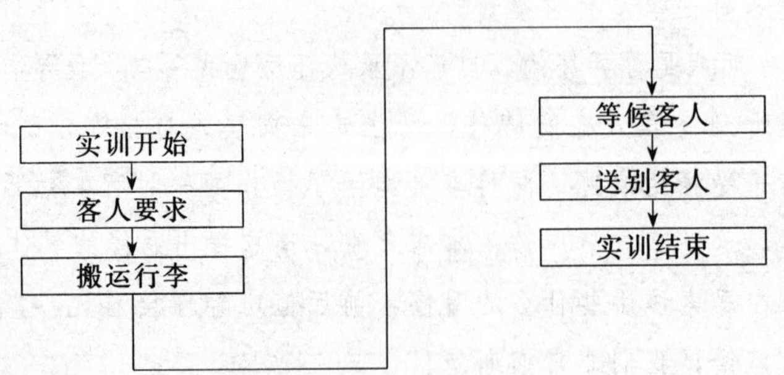

四、实训操作规范

步　　骤	主要操作内容
客人要求	客人用电话通知要求运送行李。有礼貌地问清房号、姓名、行李件数及搬运时间等，并详细记录
搬运行李	按时到达客人所在房间。进入房间前，先按门铃，再敲门，通报“Bell Boy”（行李员）。客人同意后才能进入房间。与客人共同清点行李件数，检查行李有无破损，然后与客人道别，迅速提着行李（或用行李车）离开房间。若客人要求和行李一起离开，应提醒客人不要遗留物品在房间，离开时轻轻关门。对于大堂中携带行李离店的客人，应主动提供服务
等候客人	到大厅后，先至收银处确认客人是否已结账。客人未结账，应礼貌地告知客人收银台所处的位置。客人结账时，站在客人身后 1.5 米处等候
送 别 人	客人结账完毕后，将行李送到大门口。再次再客人清点行李件数后再装上汽车。提醒客人交回房间钥匙。向客人道谢，祝客人旅途愉快。将行李车放回原处。填写散客行李搬运记录

五、服务要点

服务要点	规　范　动　作	原　　因
进入房间	先按门铃，再敲门，通报“Bell Boy”（行李员）。客人同意后才能进入房间	不能随意闯入客人房间
清点行李	与客人共同清点行李件数，检查行李有无破损	保证客人行李件数正确

六、服务过程中容易出现的问题及解决途径

服务环节容易出现的问题	解　决　途　径
清点行李	与客人共同清点行李件数，检查行李有无破损

七、考核测试

组别：________　　姓名：________　　总分：________

项　　目	分　　数	扣　　分
客人要求	20	
搬运行李	30	
等候客人	25	
送别客人	25	

考核时间：　　　年　　月　　日　　考评师（签名）：________

八、讨论题

1. 行李员在进入客人房间时应该注意哪些问题？
2. 如何清点散客的行李？
3. 客人结账时行李员的工作是什么？
4. 送别客人时应该注意哪些问题？

实训项目四十二：团队进店行李服务

一、实训安排

实训项目	团队进店行李服务	备　注
实训时间	1 个学时	
实训目的	使学员掌握团队进店行李服务的流程、方法和技巧	
实训要求	1. 态度热情友善，服务动作规范得体，语言应用得体 2. 不丢失、损坏行李 3. 迅速准确	先按 8 人为一组进行讲解示范后，按每 2 人一组进行实际操作
实训方法	老师讲解、示范操作、指导与学生实际操作相结合	

二、实训准备

模拟前厅一间，行李员服装、行李箱若干、团队行李记录表、记时表 1 只等。老师先进行示范讲解，后由学员模拟操作。

三、实训操作流程

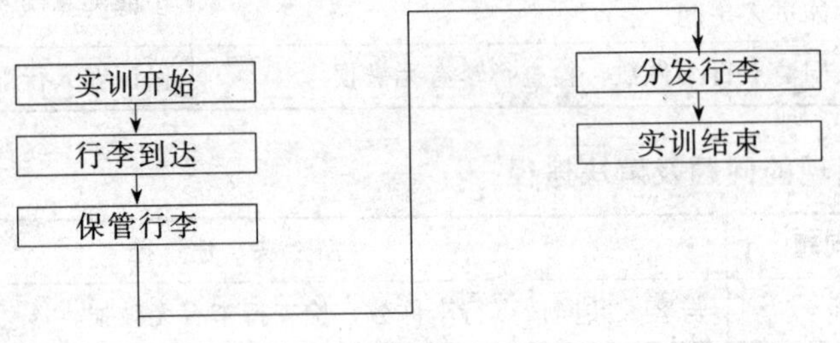

四、实训操作规范

步　骤	主要操作内容
行李到达	团队行李到达时，应与送行李的人清点行李件数，检查行李的破损及上锁情况。按编号取出该团队订单，在“团队行李记录表”中填写行李到店的时间、件数。核对无误后，请送行李的来人签名。若行李有破损、无上锁或异常情况，须在记录表及对方的交接单上注明，并请送行李的人签字证明
保管行李	行李清点无误后，立即在每件行李上系上行李牌。若该团行李不能及时分送，应在适当地点堆放整齐，用行李网将该团所有行李罩在一起，妥善保管。注意将入店行李与出店行李，或是几个同时到店的团队行李分开摆放
分发行李	装运行李前，再次清点检查一次，无误后才能装车，走行李通道。注意同一楼层的行李集中装运。同时选两个或以上团队行李，应由多个行李员分头负责运送或分时间单独运送。行李送至房间后，应将其放在门侧，轻敲门三下，招“行李员”。客人开门后，主动向客人问好，把行李送入房间内。客人确认后，热情地与客人道别，迅速离开房间。若客人不在房间，将行李先放在房间行李架上。行李分送完毕，经员工通道迅速回前厅，填写团队行李进出店登记表

五、服务要点

服务要点	规 范 动 作	原　因
行李进店	行李清点无误后，用行李网将该团所有行李罩在一起，妥善保管	团队行李容易混淆
行李进房	行李送至房间后，应将其放在门侧，轻敲门三下，招“行李员”。客人开门后，主动向客人问好，把行李送入房间内。客人确认后，热情地与客人道别，迅速离开房间	保证客人行李件数正确

六、服务过程中容易出现的问题及解决途径

服务环节容易出现的问题	解 决 途 径
接收行李	与送行李的来人清点行李件数，检查行李的破损及上锁情况；在“团队行李记录表”中填写行李到店的时间、件数，核对无误后，请送行李来的人签名
分发行李	行李送至房间后，应将其放在门侧，轻敲门三下，招“行李员”。客人开门后，主动向客人问好，把行李送入房间内。客人确认后，热情地与客人道别，迅速离开房间；若客人不在房间，将行李先放在房间行李架上

七、考核测试

组别：__________　　姓名：__________　　总分：__________

项　目	分　数	扣　分
行李到达	35	
保管行李	30	
分发行李	35	

考核时间：　　　年　　月　　日　　考评师（签名）：__________

八、讨论题

1. 如何接收团队客人的行李？
2. 如何将团队客人的行李分发到客人房间？

实训项目四十三：团队离店行李服务

一、实训安排

实训项目	团队离店行李服务	备　注
实训时间	1 个学时	先按 8 人为一组进行讲解示范后，按每 2 人一组进行实际操作
实训目的	使学员掌握团队离店行李服务的流程、方法和技巧	
实训要求	1. 态度热情友善，服务动作规范得体，语言应用得体 2. 不丢失、损坏行李 3. 迅速准确	
实训方法	老师讲解、示范操作、指导与学生实际操作相结合	

二、实训准备

模拟前厅一间，行李员服装、行李箱若干、团队订单、行李记录表等。老师先进行示范讲解，后由学员模拟操作。

三、实训操作流程

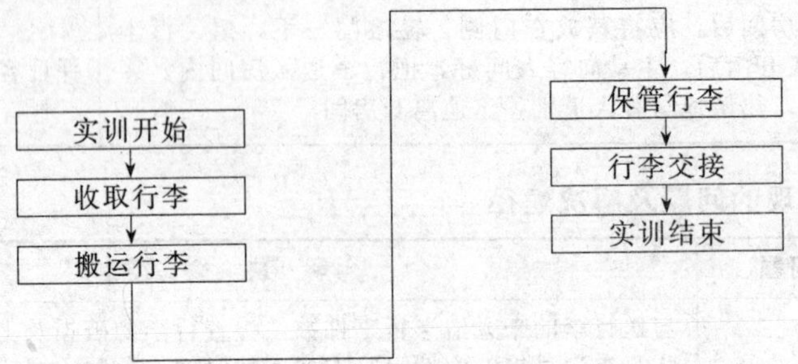

四、实训操作规范

步骤	主要操作内容
收取行李	按接待单位所定的运送行李时间（或在已确定的所乘交通工具出发前 2 小时），带上团队订单和已核对好待登记行李件数的记录表，取行李车，上楼层运行李。上楼层后，按已核对的团队订单上的房号逐间收取行李，并做好记录，收取行李的房号必须与行李上所挂的标志一致。若按时间到楼层后，行李仍未拿出房间门口，通知该团陪同，并协助陪同通知客人把行李拿出房门口，以免耽误时间。对置于房间内的行李不予收运
搬运行李	行李装车后，立即乘行李车，并将行李拉入指定位置，整齐摆好。找陪同（或领队）核对行李件数是否相符，有无错乱。若无差错，请陪同（领队）在团队订单车上签名，行李员同时签名
保管行李	行李离店前，应有来人看管；若行李需较长时间才能离店，须用绳子把它们拴起来
行李交接	团队接待单位来运行李时，须认真核对要求运送的团名、人数等，无误后才能要把行李给来人。请团队接待单位来人在团队订单上签名

五、服务要点

服务要点	规范动作	原因
核对行李	找陪同（或领队）核对行李件数是否相符，有无错乱，若无差错，请陪同（领队）在团队订单车上签名，行李员同时签名	保证客人行李件数正确
行李交接	团队接待单位来运行李时，须认真核对要求运送的团名、人数等，无误后才能要把行李给来人；请团队接待单位来人在团队订单上签名	保证客人行李转接的正确

六、服务过程中容易出现的问题及解决途径

服务环节容易出现的问题	解决途径
清点行李	找陪同（或领队）核对行李件数是否相符，有无错乱，若无差错，请陪同（领队）在团队订单车上签名，行李员同时签名

七、考核测试

组别：＿＿＿＿＿　姓名：＿＿＿＿＿　总分：＿＿＿＿＿

项　目	分　数	扣　分
收取行李	25	
搬运行李	25	
保管行李	25	
行李交接	25	

考核时间：　　年　　月　　日　　考评师（签名）：＿＿＿＿＿

八、讨论题

1. 如何清点团队客人的行李？
2. 如何做好团队客人行李交接工作？
3. 收取团队客人行李时应注意哪些问题？

实训项目四十四：换房行李服务

一、实训安排

实训项目	换房行李服务	备　注
实训时间	1个学时	先按8人为一组进行讲解示范后，按每2人一组进行实际操作
实训目的	使学员掌握换房行李服务流程、方法和技巧	
实训要求	1. 态度热情友善，服务动作规范得体，语言应用得体 2. 不丢失、损坏行李 3. 迅速准确	
实训方法	老师讲解、示范操作、指导与学生实际操作相结合	

二、实训准备

模拟前厅一间，行李员服装、行李箱若干等。教师先进行示范讲解，后由学员模拟操作。

三、实训操作流程

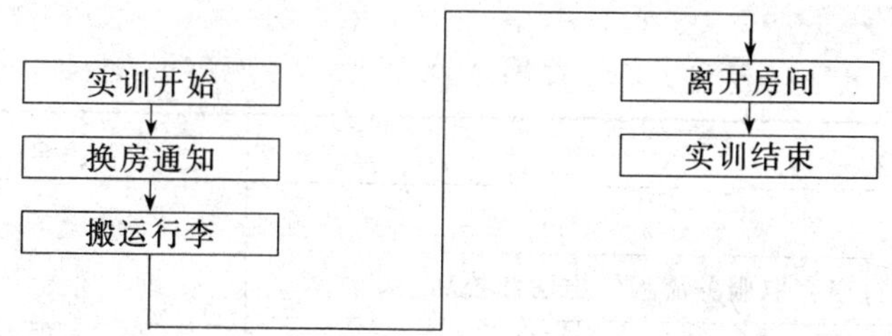

四、实训操作规范

步　骤	主要操作内容
换房通知	接到换房通知后，应问清客人房间号码，并确认客人是否在房间
搬运行李	到客人房间后，先敲门，经过客人允许方可进入；与客人一起清点要搬的行李及其他物品，小心地装上行李等；搬运行李、带客人进入新房间，帮助客人把行李放好
离开房间	收回客人的原房间钥匙和住房卡；将新房间的钥匙和住房卡交给客人；向客人道别离开房间；将客人原房间钥匙、住房卡交给前台

五、服务要点

服务要点	规 范 动 作	原 因
客人离开房间	收回客人的原房间钥匙和住房卡；将新房间的钥匙和住房卡交给客人；向客人道别离开房间；将客人原房间钥匙、住房卡交给前台	保证客房住客信息的准确

六、服务过程中容易出现的问题及解决途径

服务环节容易出现的问题	解 决 途 径
提出换房要求	若是客人提出，则要看饭店有没有满足客人的空房，若有则尽量满足客人要求，超出的房费由客人支付；若是饭店提出，则要给客人安排同级别或更高级别的房间，超出的房费由饭店支付

七、考核测试

组别：________ 姓名：________ 总分：________

项 目	分 数	扣 分
换房通知	20	
搬运行李	45	
离开房间	35	

考核时间： 年 月 日 考评师（签名）：________

八、讨论题

1. 饭店如何满足客人的换房要求？

2. 换房过程中应注意的问题有哪些？

实训项目四十五：行李存取服务

一、实训安排

实训项目	行李存取服务	备 注
实训时间	1个学时	先按8人为一组进行讲解示范后，按每2人一组进行实际操作
实训目的	使学员掌握行李存取服务流程、方法和技巧	
实训要求	1. 态度热情友善，服务动作规范得体，语言应用得体 2. 行李存取，规范、有序 3. 不损坏、丢失客人行李 4. 不调包	
实训方法	老师讲解、示范操作、指导与学生实际操作相结合	

二、实训准备

模拟前厅一间，行李员服装、行李箱若干、行李寄存单、记时表1只，行李存取记录表

等。老师先进行示范讲解，后由学员模拟操作。

三、实训操作流程

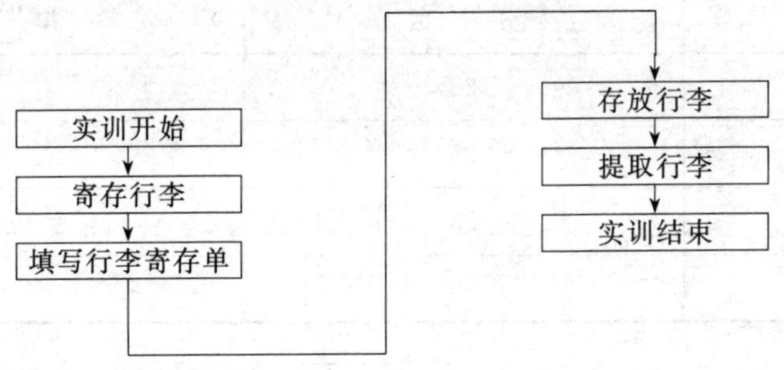

四、实训操作规范

步　骤	主要操作内容
寄存行李	客人要求寄存行李；礼貌地向客人询问房号、姓名等；原则上只为住店客人提供免费寄存服务；若团队行李寄存则应了解团员、寄存日期等信息；礼貌地询问客人所要存物品种类，向客人说明贵重物品、易燃易爆、易碎、易腐的物品和违禁物品不能寄存
填写行李寄存单	请客人填写一式两份的行李寄存单，或由客人口述，行李员在填完后请客人过目签字。行李寄存单一式两份，一份交客人作为行李凭证，另一份单在行李上。做好行李暂存记录
存放行李	将行李放入行李房中，分格整齐摆放；同一客人的行李集中摆放，并用绳子串在一起；行李房上锁，钥匙由行李领班或主管保管
提取行李	客人提取行李，请客人出示行李寄存凭证，然后与寄存行李核对。核对无误后，当面点清行李件数，并请客人在行李暂存记录上签名。若客人需等待片刻，按行李寄存单上的姓名称呼客人，请客人稍候。若客人丢失行李寄存单，一定要凭客人的身份证明件发放行李，并要求客人写出行李已取的证明。如非客人本人领取，请代领取者出示证件，并登记证件号码，否则不予取行李。帮助客人运送行李至指定地方，向客人送别

五、服务要点

服务要点	规　范　动　作	原　因
存取行李	行李寄存单一式两份，一份交客人作为行李凭证，另一份拴在行李上；客人提取行李，请客人出示行李寄存凭证	要按规定的手续进行，不能因与客人“熟”而省略手续造成不必要的麻烦

六、服务过程中容易出现的问题及解决途径

服务环节容易出现的问题	解　决　途　径
提取行李	客人提取行李，请客人出示行李寄存凭证；核对无误后，当面点清行李件数，并请客人在行李暂存记录上签名；若客人丢失行李寄存单，一定要凭客人的身份证明件发放行李，并要求客人写出行李已取的证明

七、考核测试

组别：＿＿＿＿＿＿　　姓名：＿＿＿＿＿＿　　总分：＿＿＿＿＿＿

项　　目	分　　数	扣　　分
寄存行李	25	
填写行李寄存单	25	
存放行李	25	
提取行李	25	

考核时间：　　　年　　月　　日　　考评师（签名）：＿＿＿＿＿＿

八、讨论题

1. 饭店为客人提供行李寄存服务时的注意事项有哪些？

2. 如何帮助客人寄存行李？

3. 客人提取行李的步骤是什么？

实训项目四十六：机场代表服务

一、实训安排

实训项目	机场代表服务	备　　注
实训时间	1 个学时	先按 8 人为一组进行讲解示范后，按每 2 人一组进行实际操作
实训目的	使学员掌握机场代表服务流程、方法和技巧	
实训要求	1. 态度热情友善，服务动作规范得体，语言应用得体 2. 准确、及时接送客人。 3. 为饭店树立好形象	
实训方法	老师讲解、示范操作、指导与学生实际操作相结合	

二、实训准备

模拟前厅一间，机场代表服装、客人名字、航班或车次表、车辆 1 部、计时表 1 只等。老师先进行示范讲解，后由学员模拟操作。

三、实训操作流程

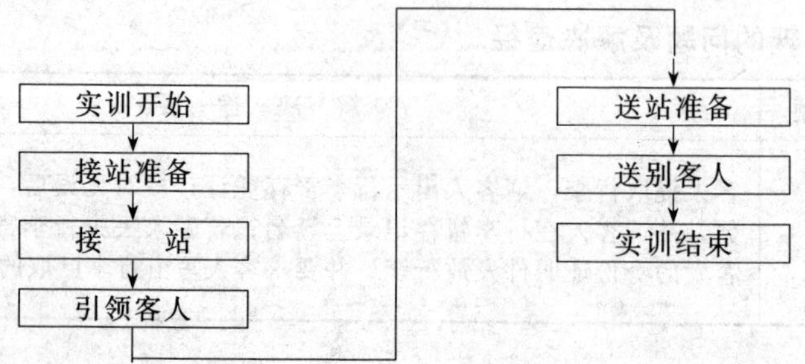

四、实训操作规范

步　　骤	主要操作内容
接站准备	定时从预订处取得需要接站的客人名单，掌握客人到达航班或车次；确认客人抵达安排无误后，在客人抵达当天，根据预订的航班、车次或航次的时间提前做好接站准备。写好接站告示牌，安排好车辆，整理好仪表仪容，提前半小时至1小时到站等候
接　　站	到站后，注意客人所乘航班，车（船）次及到站时间变动，若有延误或取消，应及时准确地通知饭店前台；接到客人后，主动迎接问好，表示欢迎，并向客人介绍自己的身份和任务；帮助客人提拿行李；掌握客房利用信息和各种交通工具信息，对无预订散客做好推销工作；若没有接到客人或指定要接的客人，要立即与饭店接待处联系，查找客人是否已乘车抵达饭店，返回饭店后，要立即与前厅确认客人具体情况并弄清及事后原因，向主管汇报，并在接站登记簿上和交班簿上写明
引领客人	引领客人上车；行车途中，注意客人安全，简要介绍饭店的服务项目和城市风貌；把客人接到饭店后，引领客人到前台办理入住手续，并询问是否需要提供离店服务
送站准备	准确掌握VIP客人和其他需送站客人的离店时间及所乘交通工具的离站时间；主动安排好车辆，提前10分钟在饭店门口恭候客人
送别客人	按时将客人送到机场、车站或码头

五、服务要点

服务要点	规　范　动　作	原　　因
提前到站等候客人	确认客人抵达的时间和交通工具后，写好接站告示牌，安排好车辆，整理好仪表仪容，提前半小时至1小时到站等候	不能让客人等候
客人延误	及时准确地通知饭店前台，不能随意撤离接站处	保证不漏接客人

六、服务过程中容易出现的问题及解决途径

服务环节容易出现的问题	解　决　途　径
接站准备	确认客人抵达安排无误后，在客人抵达当天，根据预订的航班、车次或航次的时间提前做好接站准备。写好接站告示牌，安排好车辆，整理好仪表仪容，提前半小时至1小时到站等候
接　　站	若没有接到客人或指定要接的客人，要立即与饭店接待处联系，查找客人是否已乘车抵达饭店，返回饭店后，要立即与前厅确认客人具体情况并弄清及事后原因，向主管汇报，并在接站登记簿上和交班簿上写明

七、考核测试

组别：________　　姓名：________　　总分：________

项　　目	分　　数	扣　　分
接站准备	15	
接　　站	30	
引领客人	20	
送站准备	20	
送别客人	15	

考核时间：　　年　　月　　日　　考评师（签名）：________

八、讨论题

1. 简要比较饭店代表。
2. 饭店代表接站时应做哪些准备工作?
3. 接站时没有接到客人，应该怎么办?

附:“金钥匙”的岗位职责及工作程序表

岗位职责	1. 全面掌握饭店客房状态、餐馆情况以及其他有关信息 2. 全方位满足住店客人提出的特殊要求，并提供多种服务，如行李服务、安排钟点医务服务、托婴服务、沙龙约会、推荐特色餐馆、导游、导购等，客人有求必应 3. 协助大堂副理处理饭店各类投诉 4. 保持个人的职业形象，以大方得体的仪表，亲切自然的言谈举止迎送抵离饭店的每一位宾客 5. 检查大厅及其他公共活动区域 6. 协同保安部对行为不轨的客人进行调查 7. 对行李员工作活动进行管理和控制，并做好有关记录 8. 对进、离店客人给予及时关心 9. 将上级命令、所有重要事件或事情记在行李员、门童交接班本上，每日早晨呈交前厅经理，以便查询 10. 为了行李的安全要在行李上挂牌标明 11. 控制饭店门前车辆活动 12. 对受前厅部经理委派进行培训的行李员进行指导和训练 13. 在客人登记入住时，指导每个行李员帮助客人 14. 与团队协调关系，使团队行李顺利运送 15. 确保行李房和饭店前厅的卫生清洁 16. 保证大门外、门内、大厅三个岗位有人值班 17. 保证行李部服务设备运转正常，随时检查行李车、秤、行李存放架、轮椅
素质要求	1. 忠诚：对客人忠诚，对饭店忠诚，对社会和法律忠诚 2. 通晓多种语言 3. 有热心的品质和丰富的知识 4. 彬彬有礼，善解人意 5. 身体强健，精力充沛 6. 有耐心，热爱本职工作 7. 处事机智老练，应变能力强 8. 能够建立广泛的社会关系和协作网络
工作程序	1. 详细记录客人的委托要求 2. 向客人说明大约所需的费用和时间 3. 请客人签名确认 4. 按客人要求迅速办理或交有关人员办理 5. 事情处理后，无论办成与否，都要尽快通知客人，并将票款交接清楚 6. 记录工作过程，做好总结

第七章　总机业务实训

电话是当今社会最主要的通信手段之一，也是饭店客人使用频率最高的通信设施，在对客服务过程中扮演着重要的、不可替代的角色。饭店客人所需要的几乎所有服务都可以通过客房内的电话解决。总机房就是负责为客人及饭店经营活动提供电话服务的前台部门。

总机房的业务范围包括：电话转接及留言服务、回答问讯和查询电话服务、电话叫醒服务、呼叫服务等。

根据话务工作的特点，饭店话务员必须具备以下素质：（1）口齿清楚，语音甜美，耳、喉部无慢性疾病。（2）听写迅速，反应快。（3）工作认真，记忆力强。（4）有较强的外语听说能力，能用3种以上外语为客人提供话务服务。（5）熟悉电脑操作及打字。（6）掌握旅游景点及娱乐等方面的知识和信息。（7）有很强的信息沟通能力。

第一节　总机业务实训项目安排

总机业务实训项目包括转接电话服务、电话留言服务、叫醒服务、呼叫服务等，总实训时间5学时。

实训项目	实训内容	实训时间
实训项目四十七	电话转接服务	2学时
实训项目四十八	电话留言服务	1学时
实训项目四十九	叫醒服务	1学时
实训项目五十	呼叫服务	1学时
总实训时间		5学时

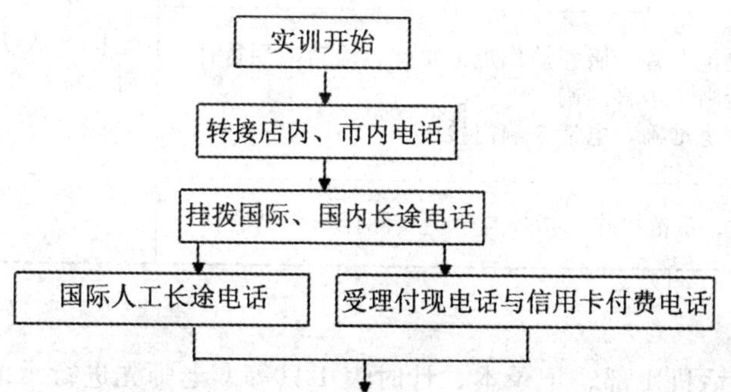

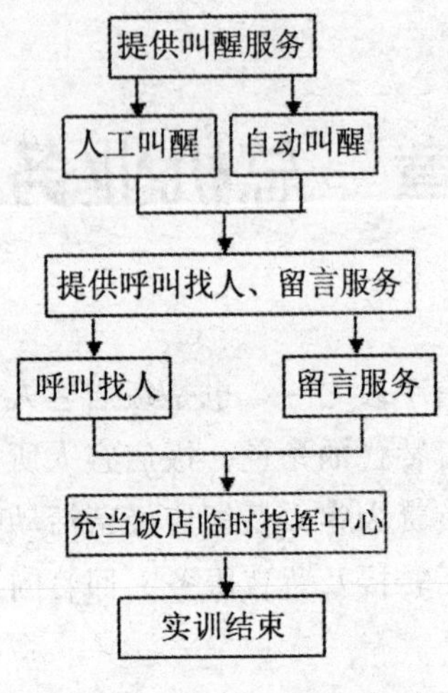

图 7—1　总机业务程序图

第二节　总机业务实训项目

"细节决定成败"。在饭店硬件设施不断更新的今天，饭店在竞争中能处于不败之地的关键取决于服务，而服务的成功就在于不遗余力地重视细节。话务服务不仅要热情、礼貌、高效，还必须准确、细心，这样才能避免各种不该发生的事情，避免给客人造成种种麻烦和损失。

实训项目四十七：电话转接服务

一、实训安排

实训项目	电话转接服务	备　注
实训时间	2 个学时	先按 8 人为一组进行讲解示范后，按每 2 人一组进行实际操作
实训目的	使学员掌握店内外电话转接服务流程、方法和技巧	
实训要求	1. 态度热情友善，服务动作规范得体，语言应用得体 2. 声音清晰，语言准确 3. 转接熟练准确，电话 3 响内接听	
实训方法	老师讲解、示范操作、指导与学生实际操作相结合	

二、实训准备

实训室一间，电话机 1 部、记录本、计时表 1 只等。老师先进行示范讲解，后由学员模拟操作。

三、店内外转换电话流程

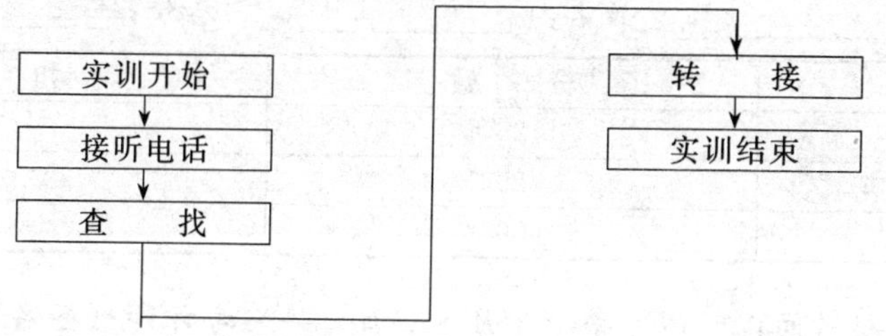

四、实训操作规范

步　　骤	主要操作内容
接听电话	电话铃响三声内必须提机，主动向客人问好，自报店名或岗位。外线应答："您好，××饭店"。(××hotel）内线应答："总机（Operator)" 仔细聆听客人要求，迅速记录，若没听清楚，可礼貌地请客人重述一遍
查　　找	如果通话者告诉客人姓名，应迅速查找电脑（或问讯架）找到客人房号。若通知者只告诉房号，首先了解接话人的姓名，并核对电脑中（问讯架）相关信息，再根据饭店的具体规定，判断是否接通房内电话
转　　接	迅速准确地转接电话，并说"请稍等" 电话占线或线路忙时，应请对方稍等，并使用音乐待留键，播放悦耳的音乐 对无人接听的电话，铃响半分钟（五声）后必须向客人说："对不起，电话没人接，请问您是否需要留言?" 给房间客人留言的电话请转到前台问讯处 给饭店人员留言，由话务员记录，并重复、确认，通知等方式或其他方式尽快转达 对要求房号保留而没有要求不接任何电话的客人，应问清来话者姓名、单位等，然后告诉客人，询问是否接听电话。若客人表示不接听任何电话，应立即通知前台在电脑中输入保密标志。遇来访或电话查询，即回答客人未住本饭店 若房间主人做了"免电话打扰"，应礼貌地说明，并建议留言 若客人错挂电话，应礼貌地说："对不起，您挂错了。" 对专来接外线的内线电话，迅速转到外线

五、服务要点

服务要点	规范动作	原　　因
电话转接	要先征求住店客人的意见，再将电话转入房间	保证住店客人隐私
住店客人不在	给饭店人员留言，由话务员记录，并重复、确认，通知等方式或其他方式尽快转达	记录准确、转达及时，保证客人能及时收到信息

六、服务过程中容易出现的问题及解决途径

服务环节容易出现的问题	解决途径
没有经过住店客人同意直接将电话转接进房间	(1) 员工层面。在征求了住店客人同意以后才能将电话接进房间，注意保护客人隐私 (2) 制度层面和管理层面。严格要求和培训，提高此服务环节的有效性。

七、考核测试

组别：＿＿＿＿＿＿ 姓名：＿＿＿＿＿＿ 总分：＿＿＿＿＿＿

项　　目	分　　数	扣　　分
接听电话	25	
查　　找	25	
转　　接	50	

考核时间：　　年　　月　　日　　考评师（签名）：＿＿＿＿＿＿

八、讨论题

1. 接听客人电话的要求有哪些？
2. 如何转接客人的电话？
3. 转接客人电话时的注意事项有哪些？

实训项目四十八：电话留言服务

一、实训安排

实训项目	电话留言服务	备　注
实训时间	1个学时	先按8人为一组进行讲解示范后，按每2人一组进行实际操作
实训目的	使学员掌握电话留言服务的流程、方法和技巧	
实训要求	1. 态度热情友善，服务动作规范得体，语言应用得体 2. 话音清晰、留言准确、转达及时	
实训方法	老师讲解、示范操作、指导与学生实际操作相结合	

二、实训准备

实训室一间，电话机1部、记录本、计时表1只等。老师先进行示范讲解，后由学员模拟操作。

三、电话留言服务流程

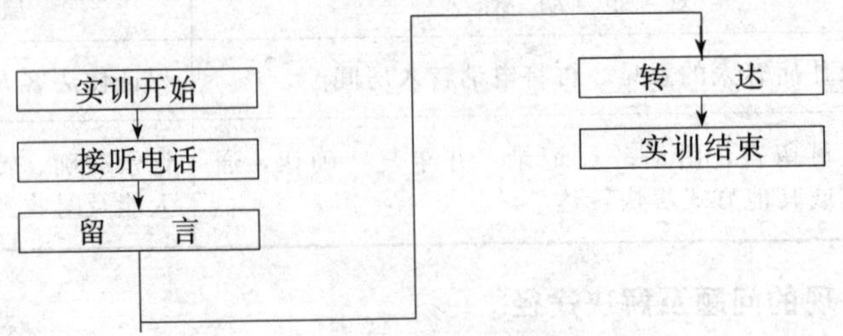

四、实训操作规范

步　　骤	主要操作内容
接听电话	电话铃响3声内接听电话，主动向客人问好，自报岗位 客人要求留言或主动建议客人留言 问清留言人姓名、电话号码及受话人姓名、房号

续表

步　骤	主要操作内容
留　　言	记录留言内容，并复述一遍，尤其注意核对数字 答应在指定时间把留言转达给受话人，请对方放心 开启客人房间的留言信号灯
转　　达	受话人回来后打电话询问时，把留言内容准确地转达给客人 关闭客人房间的留言信号灯。

五、服务要点

服务要点	规　范　动　作	原　　因
记录留言内容	问清留言人姓名、电话号码及受话人姓名、房号；记录留言内容，并复述一遍，尤其注意核对数字；开启客人房间的留言信号灯	保证留言转达准确

六、服务过程中容易出现的问题及解决途径

服务环节容易出现的问题	解　决　途　径
没有开启留言信号灯	(1) 员工层面。在给客人提供留言服务时，注意开启留言信号灯，提醒客人 (2) 制度层面和管理层面。严格要求和培训，提高此服务环节的有效性。
没有按时传达留言	员工层面：注意留言传达的及时性，如客人没有按时归来，可打电话通知留言内容。

七、考核测试

组别：__________　　姓名：__________　　总分：__________

项　　目	分　　数	扣　　分
接听电话	30	
留　　言	40	
转　　达	30	

考核时间：　　年　　月　　日　　考评师（签名）：__________

八、讨论题

1. 记录客人留言应注意的事项有哪些？
2. 如何将留言及时转达给受话人？

实训项目四十九：叫醒服务

案例： 尧是刚从旅游院校毕业的大学生，分配到某饭店房务中心是为了让他从基层开始锻炼。今天是他到房务中心上班的第二天，轮到值大夜班。接班没多久，电话铃响了，小尧接起电话：“您好，房务中心，请讲。”“明天早晨5点30分叫醒。”一位中年男子沙哑的声音。“5点30分叫醒是吗？好的。没问题。”小尧知道，叫醒虽然是总机的事，但一站式服务理念和首问负责制要求自己先接受客人要求，然后立即转告总机，于是他毫不犹豫地答应了。

当小尧接通总机电话后，才突然想起来，刚才竟忘了问客人的房号！再看一下电话机键盘，把他吓出一身冷汗——这部电话机根本就没有号码显示屏！小尧顿时心慌，立即将此事向总机说明。总机告称也无法查到房号。于是小尧的领班马上报告值班经理。值班经理考虑到这时已是三更半夜，不好逐个房间查询。再根据客人要求一大早叫醒情况看，估计十有八九是明早赶飞机或火车的客人。现在只好把希望寄托在客人也许自己会将手机设置叫醒。否则，只有等待投诉了。

早晨7点30分，一位睡眼惺忪的客人来到总台，投诉说饭店未按他的要求叫醒，使他误了飞机，其神态沮丧而气愤。早已在大堂等候的大堂副理见状立即上前将这位客人请到大堂咖啡厅接受投诉。

原来，该客人是从郊县先到省城过夜，准备一大早赶往机场，与一家旅行社组织的一个旅游团成员汇合后乘飞机出外旅游。没想到他在要求叫醒时，以为服务员可以从电话号码显示屏上知道自己的房号，就省略未报。

饭店方面立即与这家旅行社联系商量弥补办法。该旅行社答应让这位客人可以加入明天的另一个旅游团，不过今天这位客人在旅游目的地的客房预定金270元要由客人负责。接下来饭店的处理结果是：为客人支付这笔定金，同时免费让客人在本饭店再住一夜，而且免去客人昨晚的房费。这样算下来，因为一次叫醒失误，导致饭店经济损失共计790元。

分析：因为一次叫醒的失误，饭店竟为此付出790元的代价。是成本？是“投资”？笔者认为这790元既是成本，也是“投资”——花钱买教训！由本案得出的教训和应采取的改进措施有二：一是所有“新手”上岗，都应当有“老员工”或领班带班一段时间，关注他们的工作情况，包括哪怕接一次电话的全部过程。比如与客人对话是否得体完整、是否复述、是否记录等等。必要时要做好“补位”工作。

二是所有接受客人服务来电的电话机都必须有来电显示屏，并有记忆功能。这样既利于提高效率、方便客人，也可防止类似本案事件的发生。

要杜绝类似本案事件的发生，是否应当让当事人“买单”？让当事人的上司负连带责任？对此，暂且不论，但是不论怎样处理这两位员工，倘若不接受教训并采取有效改进措施的话，将来还有可能产生“小尧第二”，甚至可能有人不愿意充当“小尧”。因此，总结教训，采取相应的改进措施（比如换上有来电显示的电话机，新手由领班“跟踪”一段时间），防患于未然才是根本。饭店各级管理人员应当充分利用自身的工作经验和教训，有预见性地去寻找问题，并采取预防性的措施，这才是提高管理水平和服务质量的关键。

一、实训安排

实训项目	叫醒服务	备　注
实训时间	1个学时	先按8人为一组进行讲解示范后，按每2人一组进行实际操作
实训目的	使学员掌握叫醒服务流程、方法和技巧	
实训要求	1. 态度热情友善，服务动作规范得体，语言应用得体 2. 叫醒准时、准确，注意叫醒方式	
实训方法	老师讲解、示范操作、指导与学生实际操作相结合	

二、实训准备

实训室一间，电话机1部、记录本、计时表1只等。老师先进行示范讲解，后由学员模拟操作。

三、实训操作流程

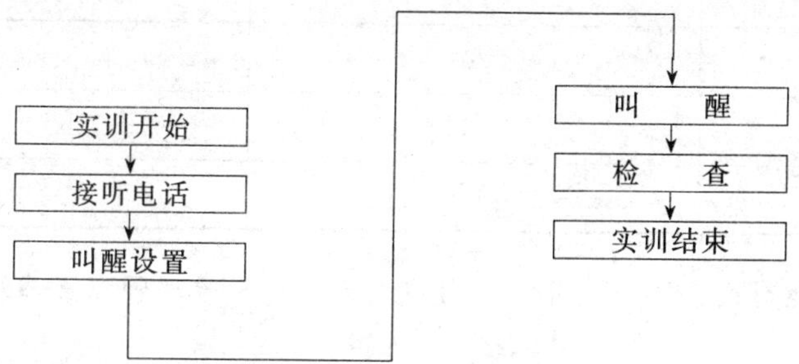

四、实训操作规范

步　骤	主要操作内容
接听电话	电话铃响三声内接听电话，主动向客人问好，自报岗位 接受客人叫醒要求时，问清客人房号、叫醒时间，并与客人进行核对 准确填写叫醒记录，内容包括叫醒时间、房号。记录时字迹端正，以防出现差错
叫醒设置	人工叫醒： 在定时钟上准确定时 定时钟鸣响即接通客房分机，叫醒客人，"早上、下午好"，现在是××点，您的叫醒时间到了 自动叫醒： 客房电话按时响铃叫醒客人 电脑叫醒时，仔细观察工作情况，出现电脑故障时，迅速进行人工叫醒
叫　醒	按时礼貌叫醒客人
检　查	若无人应答，5分钟后再叫醒一次。自动叫醒则用人工叫醒补叫一次。若仍无应答，通知大堂副理或客房服务中心，弄清原因 查询自动打印记录，检查叫醒工作有无失误 把每天的资料存档备查

五、服务要点

服务要点	规　范　动　作	原　因
叫醒失误的补　救	电脑叫醒时，仔细观察工作情况，出现电脑故障时，迅速进行人工叫醒	保证叫醒服务的准确和及时

六、服务过程中容易出现的问题及解决途径

服务环节容易出现的问题	解　决　途　径
叫醒失误	若无人应答，5分钟后再叫醒一次。自动叫醒则用人工叫醒补叫一次。若仍无应答，通知大堂副理或客房服务中心，弄清原因 查询自动打印记录，检查叫醒工作有无失误 把每天的资料存档备查

七、考核测试

组别：________ 姓名：________ 总分：________

项　　目	分　　数	扣　　分
接听电话	20	
叫醒设置	20	
叫　　醒	20	
检　　查	40	

考核时间：　　年　　月　　日　　考评师（签名）：________

八、讨论题

1. 给客人提供叫醒服务时应注意哪些问题？

2. 饭店叫醒失误的原因与对策分析。

3. 自动叫醒和人工叫醒的优缺点分别有哪些？

实训项目五十：寻呼服务

一、实训安排

实训项目	寻呼服务	备　　注
实训时间	1个学时	先按8人为一组进行讲解示范后，按每2人一组进行实际操作
实训目的	使学员掌握寻呼服务流程、方法和技巧	
实训要求	1. 态度热情友善，服务动作规范得体，语言应用得体 2. 记录准确，寻呼及时	
实训方法	老师讲解、示范操作、指导与学生实际操作相结合	

二、实训准备

实训室一间，电话机1部、记录本、计时表1只等。老师先进行示范讲解，后由学员模拟操作。

三、实训操作流程

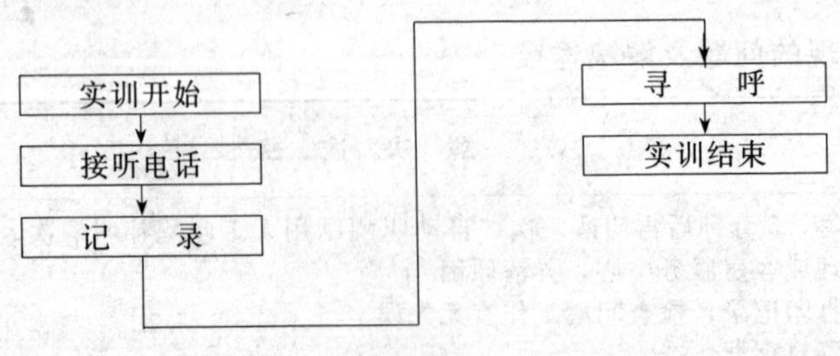

四、实训操作规范

步　　骤	主要操作内容
接听电话	电话铃响三声内接听电话，主动向客人问好，自报岗位。客人提出寻呼要求
记　　录	话务员应问清需寻呼客人的姓名、呼叫地点（可能的话）需回电的号码，以及寻呼者姓名、电话等。详细记录上述内容
寻　　呼	联系大厅服务处的寻呼员（或行李员）提供寻呼服务。寻呼员将所需寻找的客人姓名醒目的书写在牌上，然后在公共区域寻找。通过扩音器，在饭店公共区域内广播寻呼。应注意讲的话语音语调。利用寻呼器发射台寻呼。这时，应了解寻呼器携带者的寻呼号码及所处区域。寻呼结束应做好寻呼记录，内容包括：客人姓名、号码，要求呼叫者姓名、电话号码、有无回音、话务员、寻呼员姓名，以及受理日期、时间等

五、服务要点

服务要点	规　范　动　作	原　　因
寻　　呼	通过扩音器，在饭店公共区域内广播寻呼。应注意讲话的语音、语调；利用寻呼器发射台寻呼；寻呼结束应做好寻呼记录，内容包括：客人姓名、号码，要求呼叫者姓名、电话号码、有无回音、话务员、寻呼员姓名，以及受理日期、时间等	多次呼叫，防止客人没听到寻呼

六、服务过程中容易出现的问题及解决途径

服务环节容易出现的问题	解　决　途　径
寻呼方式单一，达不到效果	可通过扩音器，在饭店公共区域内广播寻呼；利用寻呼器发射台寻呼

七、考核测试

组别：＿＿＿＿＿＿　　姓名：＿＿＿＿＿＿　　总分：＿＿＿＿＿＿

项　　目	分　　数	扣　　分
接听电话	30	
记　　录	30	
寻　　呼	40	

考核时间：　　　年　　月　　日　　　考评师（签名）：＿＿＿＿＿＿

八、讨论题

1. 如何接受客人要提供的寻呼服务？
2. 如何使寻呼服务更高效？

附录1 饭店各部门、各岗位名称英汉对照表

董事总经理	Managing Director
总经理	General Manager
副总经理	Deputy General Manager
驻店经理	Resident Manager
总经理行政助理	Executive Assistant Manager
总经理秘书	Executive Secretary
总经理室	Executive Office
机要秘书	Secretary
接待文员	Clerk
人力资源开发部	Human Resources Division
人事部	Personnel Department
培训部	Training Department
督导部	Quality Inspection Department
计财部	Finance and Accounting Division
财务部	Accounting Department
成本部	Cost-control Department
采购部	Purchasing Department
电脑部	E. D. P.
市场营销部	Sales & Marketing Division
销售部	Sales Department
公关部	Public Relation department
预订部	Reservation Department
客务部	Rooms Division
前厅部	Front Office Department
管家部	Housekeeping department
餐饮部	Food & Beverage Department

康乐部	Recreation and Entertainment Department
工程部	Engineering Department
保安部	Security Department
行政部	Rear-Service Department
商场部	Shopping Arcade
人力资源开发总监	Director of Human Resources
人事部经理	Personnel Manager
培训部经理	Training Manager
督导部经理	Quality Inspector
人事主任	Personnel Office
培训主任	Training Officer
财务总监	Financial Controller
财务部经理	Chief Accountant
成本部经理	Cost Controller
采购部经理	Purchasing Manager
采购部主管	Purchasing Officer
电脑部经理	EDP Manager
总出纳	Chief Cashier
市场营销总监	Director of Sales and Marketing
销售部经理	Director of Sales
宴会销售经理	Banquet Sales Manager
销售经理	Sales Manager
宴会销售主任	Banquet Sales Officer
销售主任	Sales Officer
客务总监	Rooms Division Director
前厅部经理	Front Office Manager
前厅部副经理	Asst. Front Office Manager
大堂副理	Assistant Manager
礼宾主管	Chief Concierge
客务主任	Guest Relation Officer
接待主任	Chief Receptionist
接待员	Receptionist

车队主管	Chief Driver
出租车订车员	Taxi Service Clerk
行政管家	Executive Housekeeper
行政副管家	Assistant Executive Housekeeper
办公室文员	Order Taker
客房高级主管	Senior Supervisor
楼层主管	Floor Supervisor
楼层领班	Floor Captain
客房服务员	Room Attendant
洗衣房经理	Laundry Manager
餐饮总监	F & B Director
餐饮部经理	F & B Manager
西餐厅经理	Western Restaurant Manager
中餐厅经理	Chinese Restaurant Manager
咖啡厅经理	Coffee Shop Manager
餐馆部秘书	F & B Secretary
领班	Captain
迎宾员	Hostess
服务员	Waiter，waitress
传菜	Bus Boy，Bus Girl
行政总厨	Executive chef
中厨师长	Sous Chef（Chinese Kitchen）
西厨师长	Sous Chef（Western Kitchen）
西饼主管	Chief Baker
工程总监	Chief Engineer
工程部经理	Engineering Manager
值班工程师	Duty Engineer
保安部经理	Security Manager
保安部副经理	Asst. Security Manager
保安部主任	Security Officer

保安员	Security Guard
商场部经理	Shop Manager
商场营业员	Shop Assistant

附录 2　前厅部日常接待用语（英汉对照）

Welcome to our hotel!

欢迎光临我们酒店。

How many nights will you stay?

住几个晚上？

For which dates do you want to book the room?

您想预订哪几天的？

What kinds of rooms do you want?

您想订哪种房间？

I hope you will have a pleasant stay.

祝您住店愉快。

It was nice meeting you.

很高兴见到您。

I'm sorry to disturb you.

很抱歉打扰您了。

May I have your luggage，sir?

先生，可以帮您拿行李吗？

I will show you to the front desk.

我带您去前台。

This way，please.

请这边走。

A bellboy will show you to your room and carry your luggage.

行李员会帮您拿行李并带您去房间。

Our hotel is a four-star hotel.

我们酒店是四星级酒店。

Our hotel overlooks a fine lake.

我们酒店毗邻一个美丽的湖泊。

I want to have a single room facing the sea.

我想要一间面对大海的单人间。

What kinds of amusement do you offer?

你们提供哪些娱乐设施？

Our hotel has a nightclub, Finnish sauna, a swimming pool, tennis courts, billiards, etc.

我们酒店有夜总会、芬兰浴、游泳池、网球场、台球等等。

What sort of room do you want?

您想要哪种房间？

The rooms are spacious, airy, and they command very nice view.

客房特别宽大，空气新鲜，窗口风景优美。

Do you have a reservation? What name was it, please?

您填写一下领空登记表好吗？

Please sign your signature on the bottom line.

请在最后一行签名。

Show me your passport, sir.

先生，可以看一下您的护照吗。

How long do you intend to stay?

您准备住多长时间？

Sorry, we don't have a vacant room, But I can recommend you to the Orient Hotel.

对不起，我们没有空房了，不过，我可以介绍您去东方宾馆。

Do you agree to share the room with others?

您愿意与他人合住一间房间吗？

You should pay a deposit of US$1,000 beforehand.

您得预付 1,000 美元的订金。

After you, sir.

您先走，先生。

Here is your baggage, please check and see if it is the right one.

这是您的行李，请检查一下是否有误。

May I speak to Mrs. Smith?

我想找斯密思夫人。

I'll put you through to Mr. L's room.

我跟您接通李先生的房间。

The line is busy, please wait.

占线，请稍等。

You're through, sir. Go ahead please!

电话通了，先生，请讲。

The extension number is just the same as your room number.

房间的分析号码与房号刚好相同。

Can you tell me the way to the restaurant?

能告诉我到餐厅怎么走吗？

Where can I send a fax?

请问在哪儿发传真？

There are two flights for Hongkong. How do you want to fly：first class or coach?

到香港有两个航班。您要头等舱还是普通舱？

You can do some shopping in Beijing Road. That's the most famous commercial street in Guangzhou.

您可以在北京路逛逛商店。北京路是广州最著名的商业街。

Is it your first trip to China，sir?

您是第一次来中国吗？

Are you here for a holiday or on business?

您是来度假还是出差？

I want to check out. Could I have my bill，please?

我要结账离店，请把账单给我！

Are you going to pay in cash or by credit card?

您是用现金支付还是用信用卡支付？

Have you used any hotel services this morning or had breakfast at the hotel dining room?

今天早上您是否用过酒店服务设施，或在酒店餐厅用过早餐？

Here is your receipt. Thank you for your stay in our hotel.

这是您的收据。感谢您下榻我们酒店。

I'd like to be woken up tomorrow morning.

明天早上请叫醒一下。

You will have to pay extra.

您还得再付。

I'll find out today's rates of exchange.

你们这儿有哪些健身设施？

Sorry for the inconvenience.

抱歉，给您添麻烦了。

Separate bills or one for all?

分开付还是一起付？

附录 3　前厅部常用术语英汉对照表

A

adjoining room	相邻房
advanced deposit	预付定金
all-purpose cleaner	多功能清洁剂
arrival time	抵达时间
average room rate	平均房价
air conditioner	空调
ash tray	烟灰缸

B

bath tub	浴缸
bath mat	脚巾
bath robe	浴袍
bath room	卫生间
basin	洗脸盆
booking lead time	预订提前期
bed board	床头板
bed pad	床褥
bedstead	床架
bedspread	床罩
bed-side table	床头柜
bell boy	行李员
black tea	红茶
blanket	毛毯
brochure	小册子
bulb	灯泡
business center	商务中心

C

cancellation	取消预订
carpet	地毯

car sickness	晕车
cashier	收银员
check-in	入住登记
check-out	结账离店
cleaning bucket	清洁桶
cloak room	衣帽间
clothes hangers	衣架
comb	梳子
confirmed reservation	确认类预订
cross-training	交叉培训
complain	投诉
commercial rate	商务房价
connecting room	连通房
coupon	票证
cut-off date	留房截止日期

D

Day use	非全天用房
DDD (Domestic Direct Dial)	国内直拨电话
departure time	留店时间
dining room	餐厅
DND (Do Not Disturb)	请勿打扰
double occupancy	双开率
double room	双人房
double-double room	两张双人床的房间
deluxe suite	豪华套房
double locked (DL)	双锁房
desk lamp	台灯

E

executive floor	行政（商务）楼层
eiderdown	鸭绒被

F

fadeless	不褪色的
FTT	散客
Front Office	前厅部

Front Desk	总台
Full house	房间客满

G

group	团队
guaranteed reservation	保证类预订
guest history record	客史档案

H

hair dryer	吹风机
handkerchief	手绢
house credit limit	赊账限额
house use	饭店内部用房

I

IDD(International Direct Dial)	国际直拨电话
iron	熨斗
ironing board	熨衣板

L

lamp shade	灯罩
laundry service	洗衣服务
late check-out	逾时离店
lobby	大堂
log book	工作日记
lounge	休息室

M

maid's cart	客房清扫工作车
MUR (make up room)	请速打扫房
master folio	团队账单
message	留言
mop	拖把
mattress	床垫

N

night audit	夜间稽核

no show	没有预先取消又无预期抵店的订房

O

Occupied (occ.)	住客房
Out of Order	待维修房
over-booking	超额预订

P

package	包价服务
pick up service	接车服务
pillow case	枕套
presidential suite	总统间
pressing	熨烫

Q

quilt	被子

R

registration	住店登记
rack rate	客房牌价
room forecast	订房预测
rooming list	团体分房名单
rollaway bed	折叠床
room attendant	客房服务员
room status	房间状态
room change	换房
rotary floor scrubber	洗地机
rubber glovers	防护手套

S

sewing	针线包
service directory	服务指南
sheer curtain	纱窗帘
sheet	床单
shoe shine paper	擦鞋纸
shower head	淋浴喷头
shrinkable	缩水的

silk fabrics　丝绸织品
skipper　逃账者
skirts　裙子
sleep out　外宿客人
single room　单人间
socks　袜子
socket　插座
soiled linen　脏布草
sprinkler　花洒
stain　污迹
stationery folder　文具夹
suit　西服
sweater　毛衣
switch　开关

T

tap　水龙头
tariff　房价单
towel rail　毛巾架
twin room　双张单人床的双人房
triple room　三人房

U

unthinkable　不缩水的
underpants　内裤
up-selling　试图将高质高价客房出租给客人

V

vacant dirty　未清扫这空房
vacuums　吸尘器
VIP(Very important person)　贵宾

W

waiting list　等候名单
wake-up call　叫醒电话
walk-in　未经预订而直接抵店的客人

wall lamp	壁灯
wet vacuums	吸水机
woolen fabrics	毛料织品

附录 4　前厅服务员国家职业标准

1. 职业概况

1.1　职业名称

前厅服务员

1.2　职业定义

为宾客提供咨询、迎送、入住登记、结账等服务的人员。

1.3　职业等级

本职业共设三个等级，分别为：初级（国家职业资格五级）、中级（国家职业资格四级）、高级（国家职业资格三级）。

1.4　职业环境

室内、外，常温。

1.5　职业能力特征

具有良好的语言表达能力；能有效地进行交流，能获取、理解外界信息，进行分析判断并快速做出反应；能准确地运用数学运算；有良好的动作协调性；能迅速、准确、灵活地运用身体的眼、手、足及其他部位完成各项服务操作。

1.6　基本文化程度

高中毕业（或同等学历）

1.7　培训要求

1.7.1　培训期限

全日制职业学校教育，根据其培养目标和教学计划确定。晋级培训期限：初级不少于90标准学时；中级不少于100标准学时；高级不少于110标准学时。

1.7.2　培训教师

培训初级前厅服务员的教师应具有本职业中级以上职业资格证书；培训中、高级前厅服务员的老师应具有本职业高级职业资格证书或本专业中级以上专业技术职务任职资格，同时具有2年以上的培训教学经验。

1.7.3　培训场地设备

教室、模拟服务台以及前厅常备用具和设备。

1.8　鉴定要求

1.8.1　适用对象

从事或准备从事本职业的人员。

1.8.2　申报条件

——初级（具备以下条件之一者）

（1）经本职业初级正规培训达规定标准学时数，并取得毕（结）业证书。

（2）在本职业连续见习工作2年以上。

——中级（具备以下条件之一者）

（1）取得本职业初级职业资格证书后，连续从事本职业工作1年以上，经本职业中级正规培训达规定标准学时数，并取得毕（结）业证书。

（2）取得本职业初级职业资格证书后，连续从事本职业工作2年以上。

（3）连续从事本职业工作3年以上。

（4）取得经劳动保障行政部门审核认定的、以中级技能为培养目标的中等以上职业学校本职业（专业）毕业证书。

——高级（具备以下条件之一者）

（1）取得本职业中级职业资格证书后，连续从事本职业工作2年以上，经本职业高级正规培训达规定标准学时数，并取得毕（结）业证书。

（2）取得本职业中级职业资格证书后，连续从事本职业工作3年以上。

（3）取得高级技工学校或经劳动保障行政部门审核认定的、以高级技能为培养目标的高级职业学校本职业（专业）毕业证书。

1.8.3　鉴定方式

分为理论知识考试和技能操作考核。理论知识考试采用闭卷考试方式，技能操作考核采用现场实际操作方式。理论知识考试和技能操作考核均实行百分制，成绩皆达60分以上者为合格。

1.8.4　考评人员与考生配比

理论知识考试考评人员与考生配比为1∶15，每个标准教室不少于2名考评人员；技能操作考核考评员与考生配比为1∶10，且不少于3名考评员。

1.8.5　鉴定时间

各等级理论知识考试时间：初级不超过100min，中、高级不超过120min；各等级技能操作考核时间：初级不超过30min，中、高级不超过40min。

1.8.6　鉴定场所设备

场所：

（1）标准教室。

（2）服务台或模拟服务台。

设备：

（1）总台。

（2）电脑终端及打印机、扫描仪。

（3）大、小行李车，行李寄存架。

（4）验钞机。

(5) 账单架、客房状况显示架、预订状况显示架、住客资料查询架。

(6) 邮资电子秤。

(7) 钥匙架、钥匙卡。

(8) 信用卡压卡机。

(9) 电话机、传真机。

(10) 雨伞架。

(11) 轮椅。

(12) 电子钥匙机（Card Reader)。

(13) 常用办公用具及设备。

(14) 宣传广告资料架。

(15) 贵重物品保管箱。

2. 基本要求

2.1　职业道德

2.1.1　职业道德基本知识

2.2.2　职业守则

(1) 热情友好，宾客至上。

(2) 真诚公道，信誉第一。

(3) 文明礼貌，优质服务。

(4) 以客为尊，一视同仁。

(5) 团结协作，顾全大局。

(6) 遵纪守法，廉洁奉公。

(7) 钻研业务，提高技能。

2.2　基础知识

2.2.1　计量知识

(1) 法定计量单位及其换算知识。

(2) 行业用计价单位的使用知识。

(3) 常用计量器具的使用知识。

2.2.2　安全防范知识

(1) 消防常识。

(2) 卫生防疫常识。

2.2.3　电脑使用知识

2.2.4　前厅主要设备知识

(1) 钥匙架。

(2) 打时机。

(3) 电话机、传真机。

(4) 贵重物品保管箱。

(5) 客史档案柜。

(6) 电脑终端。

(7) 打印机。

(8) 电子钥匙机 (Card Reader)、钥匙卡。

(9) 邮资电子秤。

(10) 账单架。

(11) 客房状况显示架。

(12) 预订状况显示架。

(13) 住客资料查询架。

(14) 行李寄存架。

(15) 大、小行李车。

(16) 雨伞架。

(17) 轮椅。

(18) 信用卡压卡机。

(19) 验钞机。

(20) 计算器。

(21) 税务发票打印机。

(22) 扫描仪。

(23) 复印机。

2.2.5 相关法律、法规知识

(1) 劳动法的相关知识。

(2) 合同法的相关知识。

(3) 消费者权益保护法的相关知识。

(4) 治安管理处罚条例的相关知识。

(5) 文物保护法的相关知识。

(6) 外汇管理暂行条例的相关知识。

(7) 旅馆业治安管理条例的相关知识。

(8) 外国人入境出境法的相关知识。

(9) 消防条例的相关知识。

3. 工作要求

本标准对初级、中级、高级的技能要求依次递进，高级别包括低级别的要求。

3.1　初级

职业功能	工作内容	技能要求	相关知识
一、工前准备	（一）仪表仪容	能按饭店要求，保持个人良好的仪表、仪容、仪态	仪表、仪容、仪态的规范
	（二）准备工作	1. 能按标准整好工作环境 2. 能准备好工作所需的各种报表、表格、收据等 3. 能清洁、调试工作所需的办公用具和设备	1. 工作设施、设备的使用方法 2. 办公用具使用常识
二、客房预订	（一）接受和处理订房要求	1. 能通过电话、信函、电报、传真、当面洽谈及电脑终端的方式了解客人的订房要求 2. 能根据《房情预订总表》给出选择 3. 能判断某项订房能否接受	1. 接待与电话礼仪 2. 处理信函预订的注意事项 3. 传真机的使用方法 4. 饭店房间的种类和特点 5. 饭店房价的种类和政策 6. 判断某项订房能否接受的因素 7. 我国兄弟民族的习惯、民俗 8. 英语基本接待用语
	（二）记录和储存预订资料	1. 能使用电脑终端输入或正确填写《预订单》、《房情预订总表》 2. 能正确填写预订记录簿 3. 能装订、存放客人的订房资料	1. 相关表格的填写要求 2. 预订资料的记录步骤 3. 订房资料的排列顺序 4. 订房资料的装订顺序
	（三）检查和控制预订过程	1. 能用口头或书面的方式确认宾客预订的内容 2. 能正确记录宾客提出预订的更改和取消内容 3. 能根据预订更改和取消的内容修改（或电脑输入）《房情预订总表》 4. 能填写客房预订变更单或取消单	1. 客房预订的种类 2. 预订修改的注意事项 3. 饭店客房保留和取消规定
	（四）客人抵店前准备工作	1. 能核对次日抵店客人的预订内容 2. 能填写（或打印）《次日抵店客人名单》、《团队/会议接待单》，并分送给相关部门	相关表（单）的填写、使用要求
三、住宿登记	（一）为散客办理入住登记	1. 能识别客人有无预订 2. 能填写（输入、打印）《入住登记表》，查验证件并核实内容 3. 能根据不同客人的要求安排房间 4. 能确认房价和付款方式 5. 能完成入住登记手续 6. 能建立相关的表格资料	1. 各类散客办理入住登记的接待、登记方式及工作内容 2. 排房的顺序 3. 常用付款方式及处理方式 4. 完成入住登记相关手续的内容 5. 各类相关表格的填写要求、内容，以及分送相关部门的规定 6. 饭店信用政策

续表

职业功能	工作内容	技能要求	相关知识
三、住宿登记	（二）为团队客人办理入住登记	1. 能做好团队抵店前的准备工作 2. 能做好团队抵店时的接待工作	1. 团队抵店前准备工作的内容和工作程序 2. 团队抵店时接待工作的内容和工作程序
	（三）显示和控制客房状况	能正确显示和控制各种客房状况	1. 正确显示和控制客房状况的目的 2. 需要显示和控制的客房状况的种类
四、问讯服务	（一）留言服务	1. 能处理访客留言 2. 能处理住客留言	1. 处理访客留言的服务程序 2. 处理信客留言的服务程序 3. 须婉拒的留言和口信的内容
	（二）查询服务	1. 能提供查询住店客人的有关情况 2. 能提供询问尚未抵店或已离店客人的情况	1. 使用电话提供查询时的注意事项 2. 提供查询服务的原则 3. 提供查询尚未抵店或已离店客人情况的处理方法
	（三）邮件服务	1. 能做好进店邮件的接收、分类工作 2. 能做好客人邮件的分发工作 3. 能处理错投和“死信” 4. 能提供邮件和包裹的转寄和外寄服务	1. 客人邮件的处理程序 2. 错投和“死信”的处理方法 3. 邮寄服务操作程序
	（四）客人物品的转交服务	1. 能处理他人转交给住客的物品 2. 能处理住客转交给他人的物品	处理转交物品的操作要求
五、行李服务	（一）店外迎接服务	1. 能代表饭店到机场、车站、码头迎接客人 2. 能为客人安排去饭店的交通工具 3. 能帮助客人提拿行李 4. 能争取未预订客人入住本饭店 5. 能向饭店提供贵宾到达及交通方面的信息	店外迎客的要求
	（二）店外迎送服务	1. 能为步行、坐车到达的散客提供迎送服务 2. 能为团队客人提供迎送服务 3. 能做好其他日常服务	1. 步行到达的散客迎送服务的程序及要求 2. 坐车到达的散客迎送服务的程序及要求 3. 团体客人的迎送服务程序及要求 4. 其他日常服务的内容和要求

续表

职业功能	工作内容	技能要求	相关知识
五、行李服务	（三）行李服务	1. 能为散客提供行李服务 2. 能为团体客人提供行李服务 3. 能提供饭店内寻人服务 4. 能及时、准确地递送邮件、报表 5. 能提供出租自行车服务	1. 散客行李服务的程序及要求 2. 团体客人行李服务的程序及要求 3. 寻人服务的程序及要求 4. 递送服务的注意事项 5. 提供自行车出租服务时的注意事项
六、离店结账	（一）处理客账，办理离店手续	1. 能为散客建立与核收客账 2. 能为团队客人建立与核收客账 3. 能做好客账的累计 4. 能为住客办理离店结账手续	1. 建立与核收散客客账的程序及要求 2. 建立与核收团体客人客账的程序及要求 3. 客账累计的方法 4. 办理离店结账手续的程序及要求 5. 使用现金、信用卡及转账支票的服务程序及要求
	（二）贵重物品的寄存与保管	能提供贵重物品的寄存、保管服务	1. 贵重物品寄存、保管服务的程序及要求 2. 贵重物品保管箱的使用方法
七、公关与推销	（一）把握客人特点	能采用形象记忆法记住客人的姓名、特征	形象记忆法
	（二）介绍产品	1. 能介绍饭店的服务设施、服务项目、营业点的营业时间 2. 能介绍饭店客房的种类、设施、位置	饭店的服务设施、服务项目及营业点的营业时间
	（三）洽谈价格	1. 能报出各种类型客房的房价 2. 能报出各服务项目的收费标准	1. 各服务项目的收费标准 2. 饭店客房商品的特点
	（四）展示产品	能将饭店宣传册、广告宣传资料及图片按要求陈列、摆放好	饭店相关资料陈列、摆放要求
	（五）促成交易	能准确无误地确认客人最终的选择	适时成交的技巧
八、沟通与协调	（一）与部门内的沟通、协调	能准确填写（或输入、打印）本岗位的各类报表，并分送到本部门各相关岗位	沟通协调的重要性及方法
	（二）与客人的沟通、协调	能主动征求客人意见，并做好记录	处理客人投诉的重要性

3.2　中级

职业功能	工作内容	技能要求	相关知识
一、客房预订	（一）接受和处理订房要求	1. 能善于使用语言表达技巧与客人交流 2. 能根据《客情预订总表》做出选择，并帮助客人做出选择 3. 能妥善处理婉拒的订房要求	1. 婉拒订房的处理方法 2. 语言表达技巧常识 3. 客人购物心理常识
	（二）记录和储存预订资料	能选择适合本饭店运作的预订资料储存方式	两种不同的预订资料储存方式及其特点
	（三）检查和控制预订过程	1. 能核查、处理、纠正《房情预订总表》中的错误 2. 能及时处理“等候名单”上的客人的订房	1.《预订单》的作用 2.《房情预订总表》的作用
	（四）客人抵店前准备工作	能提前一周填写（或打印）《一周客情预报表》、《贵宾接待规格审批表》、《派车通知单》、《房价折扣申请表》、《鲜花、水果篮通通知单》，并分送给相关部门	1. 各类折扣房价的审批制度 2. 各类贵宾的接待规格及要求
	（五）报表制作	能正确填写或输入预订处的其他各类报表	相关的报表填写要求及统计计算公式
二、住宿登记	（一）显示和控制客房状况	1. 能处理客人的换房要求 2. 能查找和更正客房状况的差错	1. 换房服务工作程序 2. 查找和更正客房状况差错的方法
	（二）违约行为的处理	1. 能处理客人声称已办了订房手续，但饭店无法找到其订房资料的情况 2. 能处理客人抵店时（超过规定的保留时间）饭店为其保留的客房已出租给他人的情况	1. 为客人做转店处理的注意事项 2. 各类客人违约时的处理方法
三、问讯服务	（一）客用钥匙的控制	1. 能按规范摆放、管理好客用钥匙 2. 能做好客用钥匙的分发和回收工作	1. 客用钥匙摆放的要求 2. 分发钥匙的注意事项 3. 保管、控制客用钥匙的重要性
	（二）提供旅游和交通信息	1. 能回答客人对交通信息的问讯 2. 能回答客人对饭店所在地景点方面的问讯 3. 能回答客人对饭店所在地主要康乐、购物、医疗等方面的问讯	1. 国内、国际民航、铁路、长短途汽车、轮船的最新时刻表和票价，市内公交车的主要线路 2. 交通部门关于购票，退票，行李大小、轻重的详细规定 3. 饭店所在地各主要景点的简介、地址、开放时间 4. 时差计算方法 5. 饭店所在地著名土特产、商品及风味餐馆的简介 6. 常用紧急电话号码

续表

职业功能	工作内容	技能要求	相关知识
四、行李服务	（一）店外应接服务	能为客人在沿途适当介绍景观及饭店简况	1. 沿途景观的简介 2. 饭店简况
	（二）行李服务	1. 能为客人办理行李寄存服务 2. 能处理破损、错送、丢失的行李	1. 服务行李寄存服务的程序及要求 2. 交通部门有关行李破损、丢失的处理规定 3. 行李破损、错送、丢失的处理方法 4. 饭店不负责赔偿的前提
五、离店结账	（一）处理客账，办理离店手续	能做好夜间审计工作	1. 夜间审计的目的和内容 2. 夜间审计的步骤
	（二）外币兑换	1. 能处理外币现钞的兑换 2. 能处理旅行支票的兑换 3. 能识别中国银行可兑换的外币现钞	1. 可兑换的外币、现钞的种类及兑换率 2. 外币兑换服务程序及要求 3. 旅行支票兑换服务程序及要求
六、公关与推销	（一）把握客人特点	能自然地与客人沟通，了解客人的愿望与要求	客我关系沟通技巧
	（二）介绍产品	1. 能描述饭店各种类型客房的优点 2. 能引导顾客的购买兴趣	各种类型客房的优点
	（三）洽谈价格	能根据客人特点正确使用报价方法	1. 高码讨价法 2. 利益引诱法 3. 三明治式报价法
	（四）展示产品	1. 能主动将饭店宣传册、广告宣传资料和图片展示给客人 2. 能带客人实地参观，展现饭店优势	1. 产品介绍和知识 2. 相关讲解知识及技巧
	（五）促进交易	1. 能采用正面的说法称赞对方的选择 2. 能揣摩客人心理，适时抓住成交机会	客人购买行为常识
七、沟通与协调	（一）部门内的沟通、协调	能做到前厅部内部信息渠道的畅通	前厅部内部沟通、协调的内容
	（二）部门间的沟通、协调	1. 能与客房部做好沟通协调 2. 能与餐饮部做好沟通协调 3. 能与营销部做好沟通协调 4. 能与其他部门做好沟通协调	与客房部、餐饮部、营销部、总经理室及其他部门沟通协调的内容
	（三）与客人的沟通协调	能妥善处理常见的客人投诉	1. 处理客人投诉的原则 2. 处理客人投诉的程序
	（四）英语服务	能使用常用岗位英语会话	常用岗位英语

3.3 高级

职业功能	工作内容	技能要求	相关知识
一、客房预订	（一）接受和处理订房要求	1. 能使用英语通过电话或当面洽谈的方式了解和处理客人的订房要求 2. 能接受和处理“超额预订”	1. 常用旅游接待英语 2. “超额预订”的目的及处理方式
	（二）记录和储存预订资料	1. 能设计制作《预订单》 2. 能设计制作适用于不同种类饭店的《房情预订总表》	1.《预订单》的内容 2. 各种《房情预订总表》的适用范围及内容、形式
	（三）检查和控制预订过程	1. 能设计制作《预订确认书》 2. 能控制“超额预订”的数量 3. 能调整预留房的数量 4. 能处理有特殊要求的订房事宜	1.《预订确认书》内容 2. 预订未抵店、提前离店、延期离店、未预订直接抵店客人用房百分比的计算公式
	（四）客人抵店前准备工作	能审核《一周客情预报表》、《贵宾接待规格审批表》、《派车通知单》、《房价折扣申请表》、《鲜花、水果篮通知单》、《次日抵店客人名单》和《团队/会议接待单》	1. 相关表、单的内容及应用知识 2. 各类折扣房价的政策 3. 客情通知可采用的方式
	（五）报表制作	能设计预订处使用的各类报表	预订处使用的各类报表形式
二、住宿登记	（一）散客入住登记	能处理散客入住登记中常见的疑难问题	1. 外事接待礼仪 2. 住宿登记表的内容及要求 3. 前厅服务心理学
	（二）违约行为处理	能处理客人已获得饭店书面确认或保证为其预订，但现在无法提供客房的情况	饭店违约客房状况的原因及分析方法
	（三）显示和控制客房状况	1. 能分析未出租客房造成损失的原因 2. 能提供营业潜力方面的建议	影响客房状况的原因及分析方法
三、问讯服务	（一）查询服务	能为有保密要求的住客做好保密工作	提供住宿保密服务的程序
	（二）客用钥匙的控制	1. 能了解客人钥匙的丢失原因，并做好住客钥匙丢失后的工作 2. 能选择适用于本饭店的客用钥匙的分发模式	1. 各服务性行业的有关规章 2. 国际礼仪规范

续表

职业功能	工作内容	技能要求	相关知识
四、行李服务	礼宾服务	1. 能随时为客人输入委托代办的服务 2. 善于倾听客人意见，能应变和处理各种事件 3. 能与相关服务行业建立工作关系 4. 能为 VIP 客人（贵宾）提供迎送服务 5. 能为残疾客人提供迎送服务	1. 各服务性行业的有关规章 2. 国际礼仪规范
五、公关与推销	（一）把握客人特点	能主动与客人沟通，判断客人的身份、地位	消除客人心理紧张的方法
	（二）介绍产品	1. 能描述给予客人的便利条件 2. 能正确引导客人购买	顾客消费需求常识
	（三）洽谈价格	1. 能适时营造和谐的销售气氛 2. 能判断客人的支付能力，使客人接受较高价格的客房	影响客人购买行为的各种因素
	（四）展示产品	能陈列、布置饭店产品宣传册、广告宣传资料架、图片	室内装饰及美学常识
	（五）促进交易	1. 能在客人犹豫时多提建议 2. 能掌握客人的购买决策过程，准确把握成交时机	客人购买决策过程常识
六、沟通与协调	（一）部门内的沟通、协调	能制定前厅部内部需要沟通协调的内容及方式	1. 沟通协调的程序 2. 沟通协调的方式 3. 沟通协调的原则
	（二）部门间的沟通、协调	能制定前厅部与饭店其他各部门需要沟通协调的内容及方式	饭店其他各部门的运行规程
	（三）与客人沟通、协调	1. 能主动征求客人意见，并做好记录 2. 能正确处理客人的疑难投诉 3. 能定期对客人投诉意见进行统计、分析、归类 4. 能针对客人反映的问题提出（采取）改进措施	1. 投诉的类型 2. 处理涉及客人个人利益和影响面巨大的投诉的方法 3. 国际上和主要客源地常用的投诉处理方法 4. 主要客源地的风土人情习俗
	（四）英语服务	1. 能用英语了解和处理客人的订房要求 2. 能用英语与客人沟通，办理散客入住登记 3. 能用英语提供查询服务 4. 能用英语提供旅游交通、康乐、购物、医疗等方面的信息 5. 能用英语办理客人离店结账手续	旅游接待英语

续表

职业功能	工作内容	技能要求	相关知识
七、管理与培训	（一）制定工作职责	1. 能制定前厅部各岗位的工作职责 2. 能检查、评估下属员工的工作表现	1. 前厅部组织机构设计原则 2. 大、中、小型饭店前厅部的组织机构图 3. 前厅部各岗位的工作职责 4. 检查、评估员工工作表现的方法
	（二）业务指导	能够对前厅服务员进行业务指导及培训	业务培训知识

4. 比重表

4.1 理论知识

项目		初级（%）	中级（%）	高级（%）
基本要求	职业道德	5	5	5
	基础知识	20	10	5
相关知识	工前准备	5	—	—
	客房预订	10	10	5
	住宿登记	10	10	5
	问讯服务	10	10	5
	行李服务	10	10	5
	离店结账	10	10	—
	公关与推销	10	15	20
	沟通与协调（英语）	10	20（5）	30（15）
	管理与培训	—	—	20
合计		100	100	100

续表

项　　目		初级 (%)	中级 (%)	高级 (%)
技能要求	工前准备	5	—	—
	客房预订	15	15	5
	住宿登记	15	15	5
	问讯服务	15	15	5
	行李服务	15	10	5
	离店结账	15	15	—
	公关与推销	10	15	25
	沟通与协调（英语）	10	15（5）	35（30）
	管理与培训	—	—	20
合　　计		100	100	100

附录 5　常用前厅术语解释

Adjoining room

相邻房。指相邻而不相通的客房。此类房间较适于安排相互熟悉的宾客，而不宜安排不同类型或敌对的宾客。

Advanced deposit

预付定金。指宾客在预订房间时所交纳的定金。它对饭店和宾客双方都有益。宾客常用现金、信用卡或与饭店签订商务合同的方法预付定金。

Arrival time

抵店时间。指宾客抵达饭店的时间。掌握客人的抵店时间，有利于排房、控制房间，以及提高对客服务质量。

Average room rate

平均房价。它是衡量饭店客房经营效益的标准之一其计算机方法为：饭店客房总收入除以总住客房数。影响平均房价的因素有：所销售的客房类型、折扣、费等。在客房数有限的情况下，提高平均房价有利于增加客房总收入。

Booking lead time

预订提前期。指客人订房日期与抵店日期之间的天数，亦称订房提前量。通常，散客订房的提前期较短，提前量较小；而团队订房的提前期则较长，且提前量较大。前厅掌握各类客人的订房提前期，有利于做好预测和销售客房的工作。

Cancellation

取消预订。指客人取消预订的要求。其原因视客人而异，饭店对待取消预订应持欢迎的态度，且应采取有效措施便于客人取消，客人提前通知饭店取消订房，有益于客房的销售。

Cancellation code

取消编码。指导饭店为简化取消预订手续、便于客人取消预订所给予的一种编码。该编码包括：客人原订的抵店日期、饭店的编码、预订员的姓名缩写和取消员组成。通常，取消编码记录在订房资料上，并在取消预订登记本上加以存档。

Check—in

办理入住登记手续。散客和团队的登记步骤有所不同，饭店应健全其程序。

Check—out

办理结账离店手续。散客和团队的结账离店步骤有所不同，饭店应健全其程序。

Confirmed reservation

确认性预订。指饭店答应为订过房的客人保留房间至某一事先声明的规定时间，若客人到了规定的截止时间仍未抵店，在用房紧张时，饭店可将为其保留的客房，出租给其他客人。通常，确认预订的方式可分为口头和书面两类，其内容包括：客人的个人情况、住宿要求（抵离日期、用房种类、用房数量）以及房价、付款方式和注意事项（保留房的时间等）。

Cross—training

交叉培训。指员工到其他与本岗位相关的岗位接受培训。如前厅员工参与客房的专业培训；客房员工参与前厅的专业培训等。该做法便于员工了解相关岗位的工作，从而加深对本职工作的全面认识和提高业务水平。

Complain

投诉。指宾客对饭店的服务不满而产生抱怨，向饭店提出意见。饭店应认真处理客人投诉，设法进行补救，消除客人怨气，并根据所反映的问题，对服务和管理进行整改，以提高服务质量。

Commercial rate

商务用价（房价）。指饭店为争取更多的商务客人而与一些公司签订合同，给予他们优惠的房间价格，并为享有商务用价的客人提供针对性服务。饭店应做好统计分析工作，以检查商务房间的销售效果。通常，此房价较固定，便于公务、商务客人报销。

Connecting room

相连房。指相邻且相通的客房。此类房间适于安排关系密切及需要相互照顾的客人（如一家人），而不宜安排不同种类或敌对的客人。

Closed date

停止出售客房的日期。一般出现在旺季用房紧张的饭店。是否停止接受订房应由前厅部经理或订房主管决定。

Cut—off—date

留房截止日期。指旅行社或组团单位必须落实预订房的最后期限，如过期，饭店则自动取消其预订。其做法为：饭店与旅行社或组团单位签订合同，确定留房截止日期的期限，并在此日期与旅行社或组团单位进行确认。该做法有利于订房的控制。

Day use

半天用房。指客人要求租用客房半天，不过夜。通常，租用时间为6小时以内，退房时间在下午6点钟以前，房价为全价的一半。在饭店旺季时，一般不予接受。

DDD—Domestic Direct Dial

国内直拨长途电话。程控交换机的使用，使越来越多的饭店在客房内装备有DDD，以方便信客进行通讯联系。

Departure time

离店时间。了解客人的离店时间，有利于饭店对房态的预测及排房工作，提高对客的服务质量。

Direct billing

报账。指饭店与客人或公司达成协议，客人离店时可不立即付款，而在某一指定时间将在店消费的费用一起结算。该做法方便且促进客人的消费，但却增加饭店的应收账款。

DND—Do Not Disturb

请勿打扰。指客人为避免外界的打扰而出示的标志，饭店对此应加以关注。通常，到了某一规定时间，饭店应进行检查，以防意外事件发生。

Double occupancy

两人占用房比例。一间客房同时有两位客人入住，称两人占用房，两人占用房在所出租房中所占比例，称两人占用房比例。此比例高，说明住店客人多，这将会为饭店带来较多的收入。

Early arrival

提前到达。指客人在所预订抵店时间之前到达。又可细分为两种：一是指在预订的日期以前抵店；二是在饭店规定的入住时间前抵店。饭店应视具体情况妥善安排客人入住。

Emergency exit

紧急出口。指供饭店内人员在发生火灾等紧急情况时逃生用的出口，饭店应专门设置，并有明显标志，每间客房内必须贴有从该房间通往紧急出口的示意图。如万一发生紧急情况，应指引客人走紧急出口。

Executive floor

行政楼层。饭店将一层或几层的客房相对划分出来，用以接待高级商务行政人员，这些楼层称为行政楼层。它设有总台、收款、餐厅及休息室等，为客人提供细致周到的服务，其客房也比一般客房豪华，它能为饭店招徕高档客源，提高营业收入和饭店声誉。

Free sale

自由销售。指旅行社、航空公司或其他代理公司无需得到饭店的确认，直接代售该饭店的客房。自由销售多用于饭店的淡季，而在旺季，则应加以控制。

Front office (desk)

前厅部。指位于饭店最前方位置销售饭店产品、组织接待工作、协调对客服务以及为客人提供一系列综合性服务的部门。其首要功能是销售客房。其主要机构包括：大厅服务处、客房预订处、接待处、问讯处、电话总机与商务中心等。

FO process

前厅服务流程。该流程包括：区分客源、办理入住登记手续、排房、定价、决定付款方式、建账、改变房态、对客服务、累计客账、办理离店结账手续、核账、结账、通知整理客房直至建立客史档案等。饭店应健全前厅服务流程并落到实处。

Full house

房间客满。客满有益于饭店的收入，但对饭店也会带来不利影响。如房间客满会影响客房设备保养、服务水准与质量稳定等。

G. R. O. ——Guest Relation Officer

客务关系主任（对客关系员）。饭店为建立与客人的良好关系，特专设该工种，代表饭店专门维护与客人间的良好关系。

Guaranteed reservation

保证性预订。指客人通过使用信用卡、预付定金、订立合同等方式，来确保饭店应有的收入；饭店则必须保证为其保留所订的客房。它是饭店最理想的订房，不但保护了客人免遭客满的风险，同时也确保了饭店在订房客人不抵店情况下的应有收入。通常，饭店为保证性订房的客人保留客房至抵店日期次日的退房结账时间。

Guest Cycle

对客服务全过程。指潜在的客人与饭店的第一次接触→抵店→住店→离店→建立客史档案的全过程。该过程亦可细分为售前、售中和售后服务三个阶段，其主要任务包括：受理预订、收取定金、抵店前准备、办理入住登记手续、排房、定价、收取预付款、改变房态、累计客账、核账、办理离店结账手续，建立客史档案等。

Guest History record（card）

客史档案（卡）。指饭店为住店一次以上的客人所建立的档案资料。其内容包括客人每次住店期间的基本情况、爱好、习惯等信息，便于饭店提供针对性、个性化服务和开拓客源市场，为进行促销提供依据。通常，客史档案卡按照 A-Z 字母顺序排列存放在客史档案柜内，便于迅速准确地查阅。

Hotel chain

饭店连锁。指拥有、经营两个以上饭店的公司或系统。在该系统内，各饭店使用统一的名称、同样的标志并实行统一的经营、管理规范和服务水准，与独立的饭店相比，其具有财务、促销、采购、订房等优势。

House credit limit

信用限额。指导饭店允许客人在店内赊账消费的最高数额，针对不同的客人或不同的付款方式，饭店应制订不同的信用限额。

House use

饭店人员用房。指饭店留出一部分客房供管理人员休息使用，饭店对此应做好控制工作。

IDD—International Direct Dial

直拨国际长途电话。越来越多的饭店在客房内装备有 IDD，以方便客人。

Job description

工作职责描述。描述某一岗位或职位的主要任务、职能及责任等，便于了解该岗位工作概况，利于培训。

Late check—out

逾时退房。指客人退房结账时间超过了饭店所规定的退房时间（国际惯例为中午 12 时），通常，饭店视具体情况及规定加收一定的费用。

Log book

工作日记本。它是内部沟通的有效途径之一，用以记录工作期间发生的重要事件，记录时，应清晰、概括，且易使他人明白。

Master folio

总账户。指记录两人或两间房以上发生的所有费用的特定账户，结账时统一结算，一般用于旅行团体。

Message

留言服务。指饭店帮助客人传递口信的专项服务。留言可分为访客留言和住客留言两种。

Net rate

净房价。指房价中除去佣金、税收、附加费等余下的纯房间收入。一般用于房间价目表、签写相关的房价合同等。

Night audit

夜间稽核。其主要负责复核饭店各营业点的营业收入报表、单据、客人房租是否正确，各类特殊价格的审批是否符合规定，以保证饭店营业收入账目的准确性，并制作饭店的营业日报表。

Night clerk report

客房每日出租收入报表。该表主要从饭店每天所出租的客房数量、住店客人人数及客房收入方面加以统计，以反映客房的每日营业情况。

No—show

订过房但未抵店的客人。简称“订房不到”，会影响饭店的客房销售，饭店对此应时行统计并计算出其百分比，以接受部分超额订房，弥补其损失。

Out of Order

待修房。指那些需要维修、保养而暂时不能出租的客房，亦称“坏房”。

Over booking

超额预订。指所接受客人订房的数量，超过饭店实际可供出租的客房数量。该现象易发生在饭店用房紧张时期，饭店应做好预订的控制工作。若一旦出现此现象，饭店则应做好接待补救工作，如：免费将客人送往同等级的其他饭店住宿（客房差价由饭店支付），免费提供一次长途或电传服务，并做好问讯、邮件服务等。

Package

包价服务。指导饭店将几个项目组成一个整体，一次性出售给客人。包价服务有利于客人做预算，且有益于饭店。

Pick up service

接车服务。指饭店派代表和车辆到机场、车站和码头，将客人接回饭店的服务。饭店应做到接客准时，必须明确客人的抵店日期、航班号、车次等具体情况。

Pre-registration

预先登记。指在客人抵店前，根据客史档案资料及订房单内容等，事先为客人填写好住宿登记表，排好客房，以尽量缩短客人办理入住登记手续的时间。

Register

入住登记。指入住饭店的客人需要办理的入住手续，如填写入住登记表、排房定价、查验证件、决定付款方式等。入住登记是为了遵守国家法律有关户口管理的规定，以及有计划地销售客房，并有利于提供周到的对客服务等。

Rack rate

标准房价。指饭店客房的门市价格，未含任何折扣或服务费。标准房价常用于饭店的价目表及促销宣传品中。饭店应合理地制定该类房价。

Room forecast

订房预测。搞好预测，有利于饭店各部门安排工作及销售客房，例如制作一周客情预报表等。

Rooming List

团队分房名单。该单内容包括客人人数、用房数和房间种类等，通常，在团队预订或入住登记时分房使用。

Rollaway bed

折叠床。通常，饭店在每一楼层配备一定数量的折叠床，以方便客人临时加用。

Room type

客房种类。常见的客房种类有：标准房、双人房、三人房、套房、相邻房、相连房、角房等。前厅人员必须熟悉掌握饭店每一客房类型及其特色，以利于销售。

Room status

客房状态。常见的房间状态有：住客房、走客房、可售房、待修房、双锁房、在外过夜房等。前厅人员准确掌握房态，有利于对客服务和客房销售。

Room change

换房。指住客转换房间，换房需要到总台办理手续。

Settlement

付账。将赊欠饭店的款项付清或签报。付账的方式有：现金、信用卡、支票及转账等。

Skipper

故意逃账者。其特征为：无行李或少行李者，使用假信用卡或假支票者等。饭店应制定出预防逃账的措施，确保应收款的回收。

Sleep out

外宿。指住客在店外过夜，对此，饭店应注意两方面的问题，一是住宿，二是客人财物的安全。

Tariff

房价表。指一些向客人提供饭店房间种类及房间价格等信息的宣传资料。其内容包括：房间种类、价格、附加费与加床费的收取说明、结账离店时间、饭店可接受的信用卡种类、饭店主要服务项目以及订房联系方式等。

Tips

小费。指客人为感谢员工所提供的服务而给予员工的赏金。按饭店规定员工不能收取小费，应婉言谢绝；若盛情难却，应将小费上交部门统一处理。

Upgrade

将高价格类型的客房按低价出售。这种情况主要用于客房状况紧张时期，对重点客人和有预订的客人提高接待规格，以求扩大客房出租率。

Up selling

推销更高价格的客房。前厅人员应根据客人的特点，介绍高价客房所带给客人的各种好处与利益，以劝说客人购买比其原来所需房间价格更高的客房。

VIP—Very Important Person

重点宾客（贵宾）。饭店应制定出一套有关对重点宾客接待规格审批和接待程序的条文，以接待好这类宾客。

Waiting list

等候名单。当饭店客满，仍有客人要求订房或入住，可使用等候名单，以弥补因客人临时取消或“订房不到”给饭店带来的损失。

Wake—up call

叫醒电话服务。饭店采用人工叫醒或自动电脑叫醒等方法为客人提供叫醒服务。

Walk—in

未经预订而直接抵店的客人。其接待程序区别于团体客人。前厅员工应做好此类客人的接待工作。

附录6　旅游饭店用公共信息图形符号

序号	图形符号	名　　称	说　　明	使用方法
1		商务中心 Business center	表示可提供电传、传真打字、复印文秘、翻译等项服务的场所	应安放在商务心门前显著位置；应在大堂设立的服务指南或饭店印制的宣传资料上标明；可与方向标志组合使用，指示通往商务中心方向
2		国内直拨电话 Domestic direct dial	表示可以与国内各地直接通话的电话	应安放在有此功能的电话机附近显著位置；应在大堂设立的服务指南或饭店印制的宣传资料上标明；可与方向标志组合使用，指示通往DDD电话机的方法
3		国际直拨电话 international direct dial	表示可以与国外各地直接通话的电话	应安放在有此功能的电话机附近显著位置；应在大堂设立的服务指南或饭店印制的宣传资料上标明；可与方向标志组合使用，指示通往IDD电话机的方法
4		客房送餐服务 room service	表示可以为住店客人提供送餐的服务	应在饭店印制的服务指南等宣传资料上标明
5		残疾人客房 Room for the handicapped	表示可供残疾人使用的客房	应安放在店内残疾人客房门的显著位置；应在大堂设立的服务指南或饭店印刷的宣传资料上标明；可与方向标志组合使用，指示通往残疾人客房的方法
6		迪斯科舞厅 Disco	表示可供跳迪斯科舞的娱乐场所	应安放在迪斯科舞厅门的显著位置；应在大堂设立的服务指南或饭店印刷的宣传资料上标明；可与方向标志组合使用，指示通往迪斯科舞厅的方向
7		麻将室 Mahjong room	表露要以提供麻将娱乐服务的场所	应安放在麻将室门的显著位置；应在大堂设立的服务指南或饭店印刷的宣传资料上标明；可与方向标志组合使用，指示通往麻将室的方向
8		电子游戏 TV games Center	表示可以提供电子游戏服务的场所	应安放在电子游戏室门的显著位置；应在大堂设立的服务指南或饭店印刷的宣传资料上标明；可与方向标志组合使用，指示通往电子游戏的场所
9		摄影冲印 Film developing	表示可以提供摄像、照相及冲洗胶卷服务的场所	应安放在摄影冲印室门的显著位置上；应在大堂设立的服务指南或饭店印刷的宣传资料上标明；可与方向标志组合使用，指示通往摄影冲印室的方向

续表

序号	图形符号	名　称	说　明	使用方法
10		钓　鱼 Angling	表示可以钓鱼的场所	应安放在饭店钓鱼场所附近的显著位置；应在大堂设立的服务指南或饭店印制的宣传资料上标明；可与方向标志组合使用，指示通往钓鱼场所的方向
11		划　船 Rowing	表示可以划船的场所	应安放在划船场所附近的显著位置；应在大堂设立的服务指南或饭店印制的宣传资料上标明；可与方向标志组合使用，指示通往划船场所的方向
12		骑　马 Horse riding	表示可以骑马的场所	应安放在饭店骑马场所附近显著位置；应在大堂设立的服务指南或饭店印制的宣传资料上标明；可与方向标志组合使用，指示通往骑马场所的方向
13		狩　猎 Hunting	表示可以提供狩猎娱乐服务的场所	应安放在饭店狩猎场所附近的显著位置；应在大堂设立的服务指南或饭店印制的宣传资料上标明；可与方向标志组合使用，指示通往狩猎场所的方向
14		射　击 Shooting gallery	表示可以提供射击娱乐服务的场所	应安放在饭店射击场所附近的显著位置；应在大堂设立的服务指南或饭店印刷的宣传资料上标明；可与方向标志组合使用，指示通往射击场所的方向
15		缓　跑 Jogging track	表示可以进行缓跑的路径或场所	应安放在饭店缓跑场所附近的显著位置；应在大堂设立的服务指南或饭店印刷的宣传资料上标明；可与方向标志组合使用，指示通往缓跑路径或场所的方向
16	 VIP	贵宾服务 VIP	表示专为贵宾提供服务的场所	应安放在团体接待服务场所的显著位置；应在大堂设立的服务指南或饭店印刷的宣传资料上标明；可与方向标志组合使用，指示通往团体服务的方向
17		团体接待 Croup reception	表示专门接待团队、会议客人的场所	应安放在电子游戏室门的显著位置；应在大堂设立的服务指南或饭店印刷的宣传资料上标明；可与方向标志组合使用，指示通往电子游戏的场所
18		订　餐 Banquet reservation	表示客人可订餐的场所或提供订餐服务	应安放在饭店订餐场所的显著位置上；应在大堂设立的服务指南或饭店印刷的宣传资料上标明；可与方向标志组合使用，指示通往订餐场所的方向

附录 A（标准的附录）

序号	图形符号	名　称	说　明
A1		计程车 Taxi	表示提供计程车服务的场所 用于公共场所、建筑物、服务设施、方向指示牌、平面布置图、信息板、车站站牌、时刻表、出版物等 ISO 7001：1990（012）
A2		自行车停放处 Parking for bicycle	表示提供停放自行车的场所 用于公共场所、建筑物、服务设施、方向指示牌、平面布置图、出版物等 ISO 7001：1990（023）
A3		废物箱 Rubbish Receptacle	表示供人们扔弃废物的设施 用于公共场所、建筑物、服务设施、方向指示牌、运输工具、出版物等 ISO 7001：1990（018）
A4		安全保卫 Guard	表示安全保卫人员或指明安全保卫人员值勤的地点，如警卫室等 用于公共场所、建筑物、服务设施、方向指示牌、平面布置图、运输工具、出版物等
A5	SOS	紧急呼救电话 Emergency call	表示紧急情况下，需要他人求援或帮助时使用的电话 用于公共场所、建筑物、服务设施、方向指示牌、平面布置图、运输工具、出版物等 替代 GB 10001-88（6）
A6	SOS	紧急呼救设施 Emergency signal	表示紧急情况下，供人们发出警报，以请求求援或帮助的设施。不用于发出特殊警报（如火情警报）的设施 用于公共场所、建筑物、服务设施、方向指示牌、平面布置图、运输工具、出版物等
A7		火情警报设施 Fire alarm	表示能产生听觉或视觉警报信号的火情警报设施。不代表与消防部门通讯联系的设施 用于公共场所、建筑物、服务设施、方向指示牌、平面布置图、运输工具、出版物等 颜色的使用应遵循 GB 13495 的规定
A8		灭火器 Fire extinguisher	表示灭火器 用于公共场所、建筑物、服务设施、工地、厂矿、桥梁、隧道、方向指示牌、平面布置图、运输工具、出版物等 颜色的使用按 GB 13495 的规定 ISO 7001：1990（014）
A9		方向 Direction	表示方向 用于公共场所、建筑物、服务设施、方向指示牌、出版物等 符号方向视具体情况设置 ISO 7001：1990（001）

续表

序号	图形符号	名　称	说　明
A10		入口 Way in	表示入口位置或指导明进去的通道 用于公共场所、建筑物、服务设施、方向指示牌、平面布置图、运输工具、出版物等 设置时可根据具体情况改变符号的方向 ISO 7001：1990（026）
A11		出口 Way out	表示出口位置或指明出去的通道 用于公共场所、建筑物、服务设施、方向指示牌、平面布置图、运输工具、出版物等 设置时可根据具体情况改变符号的方向 ISO 7001：1990（027）
A12		紧急出口 Emergency exit	表示紧急情况下安全疏散的出口或通道 用于公共场所、建筑物、服务设施、方向指示牌、平面布置图、运输工具、出版物等 设置时可根据具体情况改变其镜像 颜色的使用按 GB 13495 的规定
A13		楼梯 Stairs	表示上下共用的楼梯。不表示自动扶梯 用于公共场所、建筑物、服务设施、方向指示牌、平面布置图、出版物等 设置时可根据具体情况将符号改为其镜像 ISO 7001：1990（011）
A14		上楼楼梯 Stairs up	表示仅允许上楼的楼梯。不表示自动扶梯 用于公共场所、建筑物、服务设施、方向指示牌、平面布置图、出版物等 设置时可根据具体情况将符号改为其镜像
A15		下楼楼梯 Stairs down	表示仅允许下楼的楼梯。不表示自动扶梯 用于公共场所、建筑物、服务设施、方向指示牌、平面布置图、出版物等 设置时可根据具体情况将符号改为其镜像
A16		自动扶梯 Escalator	表示自动扶梯。不表示楼梯 用于公共场所、建筑物、服务设施、方向指示牌、平面布置图、出版物等
A17		电梯 Elevator；lift	表示公用电梯 用于公共场所、建筑物、服务设施、方向指示牌、平面布置图、出版物等 ISO 7001：1990（021）
A18		残疾人设施 Facilities for disabled person	表示供残疾人使用的设施，如轮椅、坡道等 用于公共场所、建筑物、服务设施、方向指示牌、平面布置图、出版物等 设置时可根据具体情况将符号改为其镜像

续表

序号	图形符号	名　称	说　明
A19		卫生间 Toilet	表示卫生间 用于公共场所、建筑物、服务设施、方向指示牌、平面布置图、运输工具、出版物等 设置时可根据具体情况将符号男、女图形的位置交换
A20		男性 Male；Man	表示专供男性使用的设施，如男厕所、男浴室等 用于公共场所、建筑物、服务设施、方向指示牌、平面布置图、运输工具、出版物等 ISO 7001：1990（006） 替代 GB 3818-83（6）
A21		女性 Female	表示专供女性使用的设施，如女厕所、女浴室等 用于公共场所、建筑物、服务设施、方向指示牌、平面布置图、运输工具、出版物等
A22		男更衣 Men's locker	表示专供男性更衣或存放衣帽等物品的场所，如男更衣、试衣室等 用于公共场所、建筑物、服务设施、方向指示牌、平面布置图、出版物等
A23		女更衣 Women's licker	表示专供女性更衣或存放衣帽等物品的场所，如女更衣、试衣室等 用于公共场所、建筑物、服务设施、方向指示牌、平面布置图、出版物等
A24		饮用水 Drinking water	表示可以饮用的水 用于公共场所、建筑物、服务设施、方向指示牌、平面布置图、运输工具、出版物等
A25	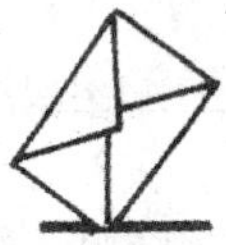	邮箱 Mailbox	表示可以投寄信件的邮政信箱。不表示邮箱以外的其他邮政业务、设施 用于公共场所、建筑物、服务设施、方向指示牌、平面布置图、时刻表、出版物等
A26		邮政 Postal service	表示可以出售邮票或邮资各种邮件的场所；如邮局（邮电局）、商店、宾馆中办理此业务的部门 用于公共场所、建筑物、服务设施、方向指示牌、平面布置图、信息板、运输工作、时刻表、出版物等
A27		电话 Telephone	表示供人们使用电话的场所 用于公共场所、建筑物、服务设施、方向指示牌、平面布置图、信息板、运输工作、时刻表、出版物等 ISO 7001：1990（008）

续表

序号	图形符号	名　　称	说　　明
A28		手续办理（接待） Check-in； Reception	表示输手续或提供接待服务的场所，如宾馆、饭店等服务机构的前台接待处，机场的手续办理处等 用于公共场所、建筑物、服务设施、方向指示牌、平面布置图、信息板、出版物等
A29		问讯 Information	表示提供问讯服务的场所 用于公共场所、建筑物、服务设施、方向指示牌、平面布置图、信息板、运输工作、出版物等 组长用 GB 7058-86（1）
A30		货币兑换 Currency exchange	表示提供各种外币兑换服务的场所 用于公共场所、建筑物、服务设施、方向指示牌、平面布置图、信息板、出版物等 ISO 7001：1990（020）
A31		结账 Settle accounts	表示用现金或支票进行结算的场所，如宾馆、饭店的前台结账处，商场等场所的付款处等 用于公共场所、建筑物、服务设施、方向指示牌、平面布置图、出版物等
A32		失物招领 Lost and found； Lost property	表示丢失物品的登记或认领场所 用于公共场所、建筑物、服务设施、方向指示牌、平面布置图、信息板、运输工作、出版物等 ISO 7001：1990（049）
A33		行李寄存 Left luggage	表示临时存放行李的场所 用于公共场所、建筑物、服务设施、方向指示牌、平面布置图、信息板、出版物等 ISO 7001：1990（028）
A34		行李手推车 Luggage trolley	表示供旅客使用的行李手推车的存放地点 用于公共场所、建筑物、服务设施、方向指示牌、平面布置图、信息板、出版物等
A35		洗衣 Laundry	表示洗衣场所或服务。不表示干衣、熨衣 用于公共场所、建筑物、服务设施、方向指示牌、平面布置图、信息板、时刻表、出版物等
A36		干衣 Drying	表示干衣场所或服务。不表示洗衣、熨衣 用于公共场所、建筑物、服务设施、方向指示牌、平面布置图、信息板、时刻表、出版物等

续表

序号	图形符号	名　称	说　明
A37		熨衣 Ironing	表示熨衣场所或服务，不表示洗衣、干衣 用于公共场所、建筑物、服务设施、方向指示牌、平面布置图、信息板、时刻表、出版物等
A38		理发（美容） Barber	表示提供理发、美容服务的场所，如理发厅（馆）等 用于公共场所、建筑物、服务设施、方向指示牌、平面布置图、信息板、时刻表、出版物等 引用 GB 7058-86（23）
A39		西餐 Restaurant	表示提供西式餐饮服务的场所，如西餐厅等。不表示中餐 用于公共场所、建筑物、平面布置图、信息板、运输工作、时刻表、出版物等 ISO 7001：1990（031）
A40		中餐 Chinese restaurant	表示提供中式餐饮服务的场所，如中餐厅、中餐馆等。不表示西餐 用于公共场所、建筑物、平面布置图、信息板、运输工作、时刻表、出版物等
A41		快餐 Snack bar	表示提供快餐服务的场所。不表示酒吧、咖啡 用于公共场所、建筑物、平面布置图、信息板、运输工具、时刻表、出版物等
A42		酒吧 Bar	表示饮酒及其他饮料的场所。不表示咖啡、快餐 用于公共场所、建筑物、服务设施、平面布置图、信息板、运输工具、出版物等
A43		咖啡 Coffee	表示喝咖啡及其他饮料的场所。不表示酒吧、快餐 用于公共场所、建筑物、服务设施、方向指示牌、平面布置图、信息板、运输工具、时刻表、出版物等
A44		花卉 Flower	表示出售各种花卉的场所，如商店的售花部或花店等 用于公共场所、建筑物、服务设施、方向指示牌、平面布置图、信息板、时刻表、出版物等
A45		书报 Book and newspaper	表示出售各种书报的场所，如书报厅、书店等 用于公共场所、建筑物、服务设施、方向指示牌、平面布置图、信息板、运输工具、时刻表、出版物等 引用 GB 7058-86（19）

续表

序号	图形符号	名　称	说　明
A46		会议室 Conference room	表示供召开会议的场所 用于公共场所、建筑物、服务设施、方向指示牌、平面布置图、信息板、出版物等
A47		舞厅 Dance hall	表示供跳舞娱乐的场所 用于公共场所、建筑物、服务设施、方向指示牌、平面布置图、信息板、运输工具、时刻表、出版物等
A48		卡拉“OK” Karaoke bar	表示供卡拉“OK”娱乐的场所，如卡拉“OK”歌厅等 用于公共场所、建筑物、服务设施、方向指示牌、平面布置图、信息板、运输工具、时刻表、出版物等
A49		电影 Cinema	表示供观赏电影的场所，如电影院、电影观赏室等 用于公共场所、建筑物、服务设施、方向指示牌、平面布置图、信息板、运输工具、时刻表、出版物等
A50		桑拿浴 Sauna	表示提供桑拿设施的场所，如桑拿浴室等 用于公共场所、服务设施、方向指示牌、平面布置图、信息板、时刻表、出版物等
A51		按摩 Massage	表示提供按摩服务的场所，如按室、按摩间等 用于公共场所、服务设施、方向指示牌、平面布置图、信息板、时刻表、出版物等
A52		游泳 Swimming	表示供游泳娱乐或比赛的场所，如游泳池、游泳馆等 用于公共场所、建筑物、服务设施、方向指示牌、平面布置图、信息板、时刻表、出版物等
A53		棋牌 Chess and cards	表示供棋牌娱乐或比赛的场所，如棋牌室、棋牌间等 用于公共场所、服务设施、方向指示牌、平面布置图、信息板、时刻表、出版物等
A54		乒乓球 Table tennis	表示供乒乓球娱乐或比赛的场所，如乒乓球室、乒乓球馆等 用于公共场所、建筑物、服务设施、方向指示牌、平面布置图、信息板、运输工具、时刻表、出版物等
A55		台球 Billiards	表示供台球娱乐或比赛的场所，如台球厅、台球室等 用于公共场所、建筑物、服务设施、方向指示牌、平面布置图、信息板、时刻表、出版物等

续表

序号	图形符号	名　称	说　明
A56		保龄球 Bowling	表示供保龄球娱乐或比赛的场所，如保龄球馆等 用于公共场所、建筑物、服务设施、方向指示牌、平面布置图、信息板、时刻表、出版物等
A57		高尔夫球 Golf	表示供高尔夫球娱乐或比赛的场所，如高尔夫球场等 用于公共场所、建筑物、服务设施、方向指示牌、平面布置图、信息板、时刻表、出版物等
A58		壁球 Squash/ Racket ball	表示供壁球娱乐或比赛的场所，如壁球室等。不表示乒乓球、网球、羽毛球等 用于公共场所、建筑物、服务设施、方向指示牌、平面布置图、信息板、时刻表、出版物等
A59		网球 Tennis	表示供网球娱乐或比赛的场所，如网球场等。不表示乒乓球、壁球、羽毛球等 用于公共场所、建筑物、服务设施、方向指示牌、平面布置图、信息板、时刻表、出版物等
A60		健身 Gymnasium	表示供健身锻炼的场所，如健身房、健身中心等 用于公共场所、建筑物、服务设施、方向指示牌、平面布置图、信息板、时刻表、出版物等
A61		运动场所 Sporting activities	表示供体育活动而设置的场所 用于公共场所、建筑物、服务设施、方向指示牌、平面布置图、信息板、时刻表、出版物等 ISO 7001：1990（029）
A62		安静 Silence	表示应保持安静的场所 用于公共场所、建筑物、服务设施、出版物等
A63		允许吸烟 Smoking allowed	表示允许吸烟的场所 用于公共场所、建筑物、服务设施、运输工具、出版物等 ISO 7001：1990（002）
64		禁止吸烟 No smoking	表示不许吸烟的场所 可安放在饭店的客房或需要禁止吸烟的场所

后　记

《旅游饭店前厅服务实训教程》将旅游饭店前厅服务中应掌握的服务技能分解组合为五十个实训项目。旅游饭店前厅服务实训主要分为前厅预订业务实训（实训项目一至实训项目十一）、前厅接待业务实训（实训项目十二至实训项目十九）、商务中心业务实训（实训项目二十至实训项目二十三）、前台收银业务实训（实训项目二十四至实训项目三十）、前厅问询业务与大厅服务实训（实训项目三十一至实训项目四十六）、总机业务实训（实训项目四十七至实训项目五十）六大部分。实训项目按照“案例——实训安排——实训准备——实训操作流程——实训操作规范——服务要点——服务过程中容易出现的问题及解决途径——实训测试评分——讨论题”的体例进行编写，同时将前厅服务中要使用到的有关表格和与前厅服务有关的资料列入附录中，供读者查阅和参考。各使用单位可根据实际情况选取其中的部分或全部实训项目，或根据本书的实训体例自编一些实训项目对学生（员）进行实训。

本书既可作为高校旅游专业学生实践教学的实训课程，同时又可供饭店作为员工的训练教程。

在修订和编写过程中，华侨大学黄安民博士、武夷学院袁成老师等提供了许多宝贵的资料及想法，襄樊市旅游局崔俊涛副局长、何小红科长，襄樊市汉江国际大酒店的郑妍女士、白莹女士，襄樊市名人城市酒店张群女士提供了许多宝贵的建议以及相关的案例和调研机会，在此深表谢忱。

本书由张弢拟订修订大纲，全书由张弢、陈雪琼统稿，李松志、隋文平、龙雨萍参与修订的撰写和统稿工作。各章节具体分工如下：

襄樊学院管理学院张弢、陈雪琼修订第一、二、七章，厦门海洋职业技术学院金晓春参与第七章的修订工作。

襄樊学院管理学院隋文平修订第三、四章，襄樊学院管理学院张有忠、向金利、朱运海参与第三章的修订工作；九江学院旅游学院李松志、崔明月、樊春梅、王艳华参与第四章的修订工作。

襄樊学院管理学院龙雨萍修订第五、六章，襄樊学院管理学院何珍、张冬、康玲参与第五章的修订工作；襄樊职业技术学院李萍、张菊芳参与第六章的修订工作。

由于作者的知识水平有限，本教程中必定存在不少的问题，有待在实际操作和使用过程中进一步的修改和完善，敬请使用者不吝指正。

编　者

2009 年 5 月

图书在版编目(CIP)数据

旅游饭店前厅服务实训教程/张弢,陈雪琼主编.2版—福州:福建人民出版社,2009.9(2013.7重印)
(旅游管理专业实训教程系列)
ISBN 978-7-211-05959-1

Ⅰ.旅… Ⅱ.①张…②陈… Ⅲ.旅游饭店—商业服务—高等学校;技术学校—教材 Ⅳ.F719.2

中国版本图书馆CIP数据核字(2009)第089630号

旅游管理专业实训教程系列

旅游饭店前厅服务实训教程

LUYOU FANDIAN QIANTING FUWU SHIXUN JIAOCHENG

主　　编:张　弢　陈雪琼
责任编辑:黄须友
出版发行:海峡出版发行集团
　　　　　福建人民出版社　　　　**电　　话**:0591—87533169(发行部)
网　　址:http://www.fjpph.com　　**电子邮箱**:fjpph7211@126.com
地　　址:福州市东水路76号　　**邮政编码**:350001
经　　销:福建新华发行(集团)有限责任公司
印　　刷:福建省天一屏山印务有限公司
地　　址:福州市闽侯县永丰村　　**邮政编码**:350101
开　　本:787mm×1092mm　1/16　　**印　　张**:14
插　　页:2　　**字　　数**:311千字
版　　次:2009年9月第2版　　2013年7月第2次印刷
书　　号:ISBN 978-7-211-05959-1
定　　价:33.00元